ŒUVRES COMPLÈTES
DE
CATULLE MENDÈS

LE
ROI VIERGE

— ROMAN CONTEMPORAIN —

ÉDITION DÉFINITIVE

PARIS
BIBLIOTHÈQUE-CHARPENTIER
EUGÈNE FASQUELLE, ÉDITEUR
11, RUE DE GRENELLE, 11

1900

Extrait du Catalogue de la BIBLIOTHÈQUE-CHARPENTIER
à 3 fr. 50 le volume
EUGÈNE FASQUELLE, ÉDITEUR, 11, RUE DE GRENELLE

ŒUVRES DE CATULLE MENDÈS

POÉSIE

Poésies complètes	2 vol.
Poésies nouvelles	1 vol.
La Grive des Vignes	1 vol.
Petits poèmes russes	1 vol.
Les Braises du Cendrier	1 vol.

ROMANS

Zo'har	1 vol.
La première Maîtresse	1 vol.
Grande-Maguet	1 vol.
La Femme-Enfant	1 vol.
La Maison de la Vieille	1 vol.
Rue des Filles-Dieu, 56	1 vol.
Gog	2 vol.
Le Chercheur de Tares	1 vol.

CONTES ET NOUVELLES

Lesbia	1 vol.
Le Confessionnal	1 vol.
La Messe rose	1 vol.
Arc-en-Ciel et Sourcil-Rouge	1 vol.

THÉÂTRE

Médée	1 vol.
Farces	1 vol.
La Femme de Tabarin	1 vol.

ÉTUDES

Richard Wagner	1 vol.

CRITIQUE

L'Art au Théâtre	3 vol.

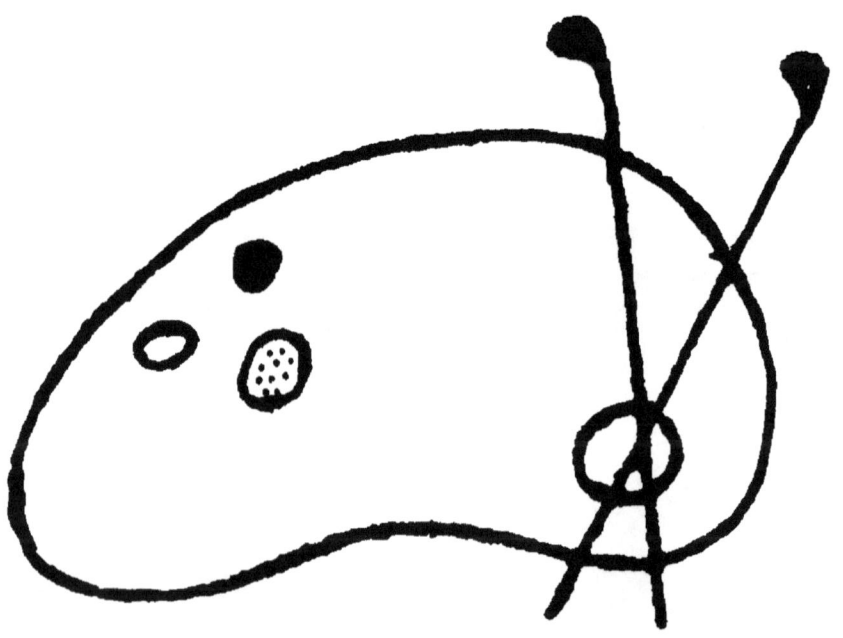

Fin d'une série de documents en couleur

LE
ROI VIERGE

Eugène FASQUELLE, Éditeur, 11, rue de Grenelle

*Il a été tiré de cet ouvrage
5 exemplaires numérotés à la presse sur papier du Japon*

ŒUVRES DE CATULLE MENDÈS

POÉSIE

Poésies complètes.........	2 vol.
Poésies nouvelles.........	1 vol.
La Grive des vignes.........	1 vol.
Petits Poëmes russes.........	1 vol.
Les Braises du Cendrier.........	1 vol.

ROMANS

Zo'har.........	1 vol.
La Première Maîtresse.........	1 vol.
Grande-Maguet.........	1 vol.
La Femme-Enfant.........	1 vol.
La Maison de la Vieille.........	1 vol.
Rue des Filles-Dieu, 56.........	1 vol.
Gog.........	2 vol.
Le Chercheur de Tares.........	1 vol.

CONTES ET NOUVELLES

Lesbia.........	1 vol.
Le Confessionnal.........	1 vol.
La Messe rose.........	1 vol.
Arc-en-Ciel et Sourcil-Rouge.........	1 vol.
Contes choisis.........	1 vol.

THÉATRE

Médée.........	1 vol.
Farces.........	1 vol.
La Femme de Tabarin.........	1 vol.
Le Docteur blanc.........	1 vol.

ÉTUDES

Richard Wagner.........	1 vol.

CRITIQUE

L'Art au Théâtre.........	3 vol.
L'Œuvre Wagnérienne en France.........	1 vol.

LE
ROI VIERGE

ROMAN CONTEMPORAIN

Avec un dessin de Fernand DESMOULIN

ÉDITION DÉFINITIVE

PARIS
BIBLIOTHÈQUE-CHARPENTIER

ŒUVRES COMPLÈTES DE M. CATULLE MENDÈS

LE ROI VIERGE

C'est ce roman qui commença de faire connaître, comme romancier, le poète lyrique et dramatique Catulle Mendès; il fut écrit peu après *Hespérus*, poème, presque en même temps que les *Mères ennemies*, drame. Il parut, en feuilleton, à l'époque même où paraissaient, en feuilleton aussi, *les Rois en exil*, d'Alphonse Daudet; ainsi aucun de ces livres n'a emprunté à l'autre l'invention, ou plutôt la rénovation, si souvent imitée depuis, de désigner par des noms, imaginaires ou transposés, de royaumes ou de principautés, de véritables rois et des princes réels. Le *Roi Vierge* est donc ce qu'on nomme un roman à clé? oui, en quelques-unes de ses pages. Frédérick II, roi de Thuringe, imite Louis II, roi de Bavière; si la Reine d'un pays du Nord n'offre pour ainsi dire aucune analogie avec l'impératrice d'une nation moins septentrionale, Mᵐᵉ de Soïnoff fait songer, vaguement, à une illustre ambassadrice; l'abbé Glink, c'est l'abbé Liszt; Hans Hammer, c'est Richard Wagner. L'auteur n'éprouve aucune gêne à ces aveux ; pourquoi n'appartiendraient-ils pas au roman, les personnages qui appartiennent à l'histoire, roman aussi ? On remarquera d'ailleurs que M. Catulle Mendès n'a pas du tout prétendu tracer des portraits d'après nature ; il a vu des vivants, non pas dans le « matériel » de leurs caractères et de leurs actions, mais dans le miroir du rêve, comme l'exprime si bien le dessin de M. Fernand Desmoulins ; c'est d'après leurs images dans la chimère qu'il a « créé » les héros de ses fictions où la réalité se disperse aussi en aventures de songe ; et il a peint d'après des reflets. Au reste, qui sait si le rêve d'un poète n'est pas aussi lucide que l'observation ? et si représenter les êtres comme ils furent dans sa vision, n'est pas plus sûre façon de fixer l'expression fugace où parfois se révèle — le temps d'un éclair — l'intimité d'une âme ? Nous ne dirons rien de plus à propos du *Roi Vierge* sinon que M. Catulle Mendès y fut hélas ! trop bon « vates » de la fin d'un jeune roi féerique et tyrannique ; qu'on ne saurait reprocher à ce livre des analogies au point de vue psychologique avec l'*Inutile beauté*, de Guy de Maupassant, écrite bien des années après la publication du *Roi Vierge*; et que le texte de la présente édition est absolument conforme au texte de la première. En donnant, dans une édition définitive, ses ouvrages anciens à côté de ses ouvrages récents, l'auteur du *Roi Vierge* et du *Chercheur de tares* entend se montrer dans ceux-là, non pas tel qu'il est, mais tel qu'il fut.

LE
ROI VIERGE

LIVRE PREMIER

GLORIANE

I

Deux heures du matin : on attendait que l'auguste invitée donnât l'exemple du départ.

C'était dans une maison pareille à celle d'Herculanum ou de Pompéi, érigée au milieu d'une capitale du Nord par la fantaisie d'un prince qui se piquait d'archaïsme.

Sur le pavage de mosaïque, figurant le quadrille du Soleil, qu'emportent des étalons cabrés; entre les murs peints d'Adonis pâles, demi-nus dans les roses, et de défaillantes Vénus; la belle cohue royale avait promené, dans les clartés chaudes, ses uniformes qu'allumait l'orfèvrerie des plaques et des croix, ses chevelures de femmes, embrasées de pierreries et d'où les fleurs ruisselaient en guirlandes jusque dans le creux blanc des dos, ses traînes au lent glissement, derrière lesquelles s'inclinaient en reculant un peu les habits noirs des attachés d'ambassade, le gardénia à la boutonnière. Tout un soir, du haut des socles, les yeux blancs des douze Césars de marbre avaient considéré la fête, avec un air de songer, semblait-il, à d'antiques orgies; on eût dit voir sourire, quand le frôlait un bras nu et charnu, le groin énorme de Vitellius.

Il y eut un brouhaha de paroles à voix basse, un tassement de foule vers les murs de la salle; une femme s'avançait entre une double haie de saluts courtisans, le bout d'un gant pâle, posé sur la manche passementée d'or du Grand-Écuyer.

Blonde, de ce blond un peu roux des feuilles de maïs brûlées par le soleil, blanche de la blancheur opaque des cires; front petit sous un diadème, vagues yeux bleus, larges, saillants comme ceux des Junons au regard de génisse; le nez courbe, aux ailes lourdes, des impérieuses archiduchesses, la bouche un peu grasse d'une Parisienne qui rit; nu-cou, poitrine vaste et largement découverte, elle émanait, toute de neige et d'or, comme une sirène d'un flot, d'une robe de satin vert de mer, sans manches, dont la jupe courte, çà et là rebroussée par des touffes de fleurs marines, coulait sur une première jupe de tulle très bouffante et prolongeant les petites vagues mousseuses de ses vingt-quatre volants dans une traîne d'écume et d'algues.

C'était la toute-puissante et la toute-belle.

Sur son passage, chuchotaient les admirations et les respects. Autrefois, toute proche encore des hasards où sa verve aventurière avait ensorcelé le destin, dans l'orgueil récent de la conquête, elle s'était plu à entendre ce murmure des flatteries; elle avait aimé les fêtes qui célébraient la grâce de sa jeune Majesté. Puis des années s'écoulèrent. Les reines aussi vieillissent. On est très belle, on songe qu'on ne le sera pas toujours. La fatigue vient, des gloires et des joies toujours renouvelées. Qui sait d'ailleurs ce que l'avenir réserve aux plus triomphants? Ce qui est inconnu sera peut-être terrible. Mais la peur de tout perdre ne chasse pas l'ennui de tout posséder; on est moins heureuse d'être adorée, moins fière d'être obéie; quelquefois on passe devant un miroir sans y regarder sa beauté ni sa couronne.

Elle marchait lentement, le front un peu penché, comme pour saluer, la bouche à demi ouverte, comme pour sourire, mais n'achevant ni le sourire ni le salut, ne voyant peut-être pas, n'entendant peut-être pas, accoutumée aux apothéoses et n'y prenant plus garde.

Près de la porte, elle eut un petit frémissement de paupière ; elle tourna tout à fait la tête vers un homme qui était là, plus courbé que les autres, un étranger, sans doute, car il étalait sur le revers de son frac de gala toute une constellation d'ordres insolites.

Maigre, grand, trop grand, on eût dit, pendant qu'il saluait, d'une perche cassée en deux ; de courtes touffes de poils gris, — car il n'était plus jeune, — hérissaient çà et là son crâne rose, pointu ; son visage, où la bouche s'ouvrait en O, avait je ne sais quoi d'ahuri, comme celui d'un pitre ; et ses yeux clignaient comiquement sous le double verre du lorgnon. En outre, un peu de désordre dans l'habit, et la cravate presque dénouée. A peine convenable, en vérité. Pourtant, une certaine élégance fière aristocratisait ce débraillement, et les mains longues étaient parfaites. Moitié bobèche, moitié grand seigneur. Un homme singulier.

— Le prince Flédro-Schèmyl ? dit la reine.

Il s'agenouilla presque, extasié d'être reconnu. Alors s'acheva le sourire commencé qu'elle avait aux lèvres ; ce fut comme une fleur qui éclot tout à fait ; elle eut aussi dans les yeux une petite lueur gaie. La fierté de son royal visage s'atténuait dans une expression de douceur rieuse, un peu moqueuse même, tendre cependant : la moue d'une jeune mère qui gronde un enfant aimé, en le menaçant du doigt. Ce ne devait pas être le prince Flédro-Schèmyl qui lui donnait ce joli air de contentement ; elle s'amusait d'un espoir peut-être, ou d'un souvenir.

— Comment se porte mon cousin le roi de Thuringe ? dit-elle.

Il prit une mine piteuse et répondit dans un grand soupir :

— Hélas ! assez mal, Madame.

— Ah ? fit-elle, en souriant toujours.

— Oui ! dit-il en soupirant encore.

— Eh bien, Monsieur le chambellan, venez au Château, demain. Vous me parlerez de la maladie du roi.

Elle passa. Maintenant c'était un petit rire qu'elle avait aux lèvres, dédaigneux, point cruel. Un air de dire : Ah ! le fou !

II

Les journaux ont annoncé tout récemment q[ue] le prince Flédro-Schèmyl était mort ou qu['il] s'était marié ; je ne sais pas bien lequel d[es] deux. Naguère encore, on le tenait pour un bo[n] vivant, quoiqu'il se plaignît avec amertum[e] d'une gastrite invétérée et qu'il portât, disait-il[,] un cercueil sous le crâne, — on citait le mo[t] sans l'expliquer ; — et il était célibataire, à c[e] qu'il semblait.

En Allemagne, on lui donnait de l'Excellence, non seulement parce qu'il était prince, — prince russe, cela va sans dire, — mais aussi parce qu'il était chambellan, et plus chambellan que personne. Chambellan de qui ? chambellan de tout le monde. Il paraissait probable que, durant les rares entre-temps de ses voyages, il en exerçait l'office à Saint-Pétersbourg dans la maison de la grande-duchesse Marie, et il était certain que tous les petits souverains d'Allemagne lui en avaient conféré le titre. Dire pour quels services eût été difficile; lui-même il avait la modestie, ou la pudeur, de l'oublier. Les principicules germains se montraient si peu avares de cette distinction qu'on a pu voir, dans le duché de Saxe-Meiningen, un honnête croque-notes porter la livrée illustre de chambellan, parce qu'il avait enseigné la flûte à la nièce du duc régnant. Pourquoi non? Autrefois, en France, quiconque pratiquait la fonction de langoyeur de porcs était de droit conseiller du roi.

Justifiées ou non, ses charges honorifiques ne laissaient pas d'être fort avantageuses au prince Flédro-Schèmyl. Où qu'il allât, et Dieu sait qu'il allait partout! sa chambellanie errante prenait place dans les carrosses grands-ducaux, s'asseyait aux tables princières, s'insinuait dans les loges royales. Ce parasitisme courtisan, dont il faisait montre par une cynique impertinence, ou, peut-être, par ingénuité d'orgueil, venait en aide fort à propos à ses ressources personnelles, assez diminuées probablement; il devait avoir été riche et devait être pauvre ; car il ne dépensait guère, sinon tout à coup, par saccades; des habitudes de prodigue qui n'a plus de quoi l'être.

Un autre bénéfice de ses dignités, c'était qu'elles lui permettaient de prendre, — et il s'y entendait à ravir, — les airs un peu mystérieux et sybillins des personnes de cour; un chambellan, autant dire un diplomate. Il excellait à émettre sur les événements politiques, sur les personnages illustres, empereurs, rois, princes, ministres, des opinions à demi exprimées en quelques brèves paroles qui semblaient contenir un sens étrangement profond. Les péchés intimes des boudoirs augustes, il les connaissait tous, certainement; seule, une discrétion, qui commandait l'estime, l'empêchait d'en parler autrement qu'à mots couverts; on pouvait deviner, il ne s'y opposait pas; même il complimentait les auditeurs perspicaces par une espèce de sourire entendu qui signifiait : « Oui, oui, c'est cela, vous avez mis le doigt dessus »; mais il n'avait rien dit! Oh! il s'était bien gardé de rien dire! Rien, en effet, et cela par la meilleure des raisons peut-être; de sorte que très souvent on a dû lui apprendre, vraies ou fausses, les nouvelles mêmes dont il paraissait si bien instruit.

Ce rôle le divertissait; il y était merveilleusement servi par de petits yeux un peu jaunes, qui clignotaient à propos derrière un binocle prudent, par des gestes quelquefois hasardeux comme une confidence, mais qu'il rétractait vivement, comme s'il eût craint de s'être trahi, et surtout par une façon de dire grasse, molle, très lente, embarrassée même, qui, sous un semblant visiblement affecté de ne pas trouver les mots, feignait d'éviter les indiscrétions compromettantes.

Mais ces manières d'être, qui, jointes à sa boutonnière prismatique et à des allures savamment hautaines, lui valaient les égards curieux des touristes de distinction, il se hâtait de s'en défaire dès qu'il mettait le pied dans les salons officiels. Contradiction remarquable et sans doute d'une habileté suprême : le prince Flédro-Schèmyl, homme de cour avec ceux qui ne l'étaient pas, cessait absolument de l'être avec ceux qui l'étaient; ce diplomate, maître de lui, devenait je ne sais quel impudent bouffon ; un bohême, tout à coup, jaillissait du chambellan; lui, si correct aux tables des hôtels, c'était le chapeau sur l'oreille, un chapeau tout bossué et sans poils, la cravate débraillée, des boutons de moins au gilet, la culotte usée aux genoux, sa culotte de chambellan ! qu'il traversait les salles des Résidences.

Avec une audace de Triboulet, il ne s'interdisait jamais rien là justement où presque tout est défendu; traînant un débraillement de viveur cynique à travers l'auguste étiquette, imposant ses impertinences à force d'aplomb canaille. La

politique, les intrigues de cabinet, les grav
questions de préséance, il s'inquiétait bien
cela en vérité! Jamais en repos, toujours
verve, conseiller de grosses équipées, infatigab
inventeur de farces, il abondait en anecdot
hardies, expliquait au prince héritier de Me
sebourg ou de Saxe-Gotha les coulisses d
Bouffes-Parisiens, lui recommandait, faute
mieux, une belle fille de brasserie, Ottilia c
Lolotte, à laquelle il se chargeait de le présente
et, au dessert des repas cérémoniaux, feignai
d'être gris bien qu'il n'eût bu que de l'eau rougi
risquait un mot cru à l'oreille de la landgravine
ou lui conseillait pour le prochain bal de la cou
le costume de Mme Schneider au deuxième act
de la *Périchole!* Il était extraordinaire qu'o
ne l'eût pas encore fait jeter à la porte par l
valetaille des palais. On craignait sans doute d
mécontenter les nombreux souverains dont
était chambellan, et l'on se tirait d'embarras pa
ce mot : « un original. » D'ailleurs, on le trou
vait amusant; et il se sentait si bien en postur
de tout hasarder qu'un matin d'août il osa s
baigner, nu, dans la pièce d'eau d'un parc prin
cier, sous les fenêtres mêmes de la duchess
régnante.

Malgré tout cela, à cause de tout cela, si vou
voulez, le prince Flédro-Schèmyl passait pou

un personnage fort intéressant. Quelques-uns allaient jusqu'à l'aimer, — quelques-unes aussi, disait-on. Pourtant une chose le gâtait un peu. Il se disait Russe ; tout le monde savait qu'il était de race polonaise. « Schèmyl » est circassien ; « Flédro » est lithuanien. Cette double patrie avait quelque chose de fâcheux. On entrevoyait dans le passé du prince je ne sais quel abandon de son pays natal pour une nationalité d'emprunt, un haussement d'épaules devant les cadavres des martyrs, une acceptation souriante des crimes accomplis. Des gens avaient remarqué qu'il se taisait — bien qu'il fût singulièrement bavard — dès qu'on parlait de la Pologne. Au demeurant, homme d'esprit, convive aimable, causeur lettré, ayant même écrit en français plusieurs comédies-proverbes qu'il eut le bon goût et la prudence de ne jamais faire jouer que devant des têtes couronnées.

III

Le lendemain, il fut introduit dans les petits appartements de la reine par une femme de chambre toute de dentelles et de soie rose habillée, point trop jeune, mais jolie, pimpante, les gestes vifs, du rouge aux lèvres, du rose aux joues, du noir sous les yeux, l'air d'une Marton ou d'une de ces soubrettes de féeries qui accompagnent la princesse Aventurine vers le palais des Génies. Elle l'avait accompagnée en effet; maintenant, elles étaient arrivées. La maîtresse était devenue reine; la servante resta soubrette. Point de jupes courtes cependant peut-être pour ne pas effaroucher les évêques qui venaient s'entretenir quelquefois avec la souveraine. Mais elle n'avait jamais quitté les manières sournoises et furtives de celles qui reçoivent et donnent des billets doux et qu'on embrasse dans les frisons de la nuque en leur mettant une bourse dans la main. Ce fut avec un air de mystère qu'elle dit au prince : « Sa

Majesté va venir. » Il se sentit flatté. Il y a de vastes vestibules où se tiennent des huissiers imposants; on l'avait fait entrer, sur les pas d'une camériste adroite, par des corridors qui ont l'air de se glisser autour des grandes salles pour ne pas être aperçus. Un peu romanesque, il se faisait l'effet de quelque confident du duc de Bukingham, venant demander à Anne d'Autriche la rose qu'elle avait eue hier soir dans les cheveux.

Il regarda autour de lui. S'il n'avait pas su qu'il était chez la reine, il aurait pu se croire chez quelque belle impure, opulente et délicate.

La chambre était peu vaste : non pas une salle, mais un boudoir. Pour plafond, un grand miroir, clair comme une eau limpide, que traversaient des chevelures de branches aquatiques couleur d'émeraude, et où s'incrustaient des nacres blanches ici et là dorées, simulant des iris jaunes ou de pâles nymphéas. Un lac qui servait de ciel. Sur le satin blond des murs se plissaient des Malines; dans les coins, des glaces de Venise, oblongues, aux cadres de cristal fleuri, inclinaient leurs surfaces pures, que décoraient en reliefs opaques des Arlequins et des Colombines. Au-dessus des portes, d'où pendaient des dentelles avec des plis de robes, des lanternes d'Orient aux clochettes légères, aux fins croissants d'or, remuaient sous le moindre souffle leur clinquant précieux. Une pendule de Sèvres, pâle et fardée de rose, coquette et vieillote, était comme une petite douairière parmi les brimborions de la cheminée, boîtes à pralines, miniatures anciennes, grêles bergères en biscuit, à jupes retroussées, le chaperon de fleurs incliné vers l'épaule, qui souriaient à des poussahs de Chine, ventrus, accroupis sur leurs jambes et remuant la tête en laissant pendre la langue. Puis, dans les coins, ou épars dans la chambre, des chaises de satin pâles aux pieds d'or, chefs-d'œuvre d'un tapissier moderne, des coussins tombés d'une chaise longue, et dont l'étoffe éteinte avait dû orner la chaire d'une châtelaine. Le luxe de jadis avoisinant la grâce d'aujourd'hui. Ces contrastes se fondaient dans une harmonie générale d'élégance et de luxe doux ; et, de toutes parts, des coussins, des chaises, des dentelles naguère frôlées, des miroirs où l'on s'était miré, des porcelaines même qu'avaient touchées des doigts roses, émanaient sensiblement une arômatique réminiscence de présence féminine. Il y avait des souvenirs de causeries rieuses, à voix basses, lèvres près des lèvres, dans le rapprochement des chaises qui se touchaient du pied ; ces coussins étaient tombés là pour qu'une amie familière à demi étendue pût s'accouder au genou de la souveraine, en levant les yeux vers elle! Le silence était plein d'un reste de chuchotements frivoles. Pourtant, devant l'unique fenêtre, un prie-Dieu étalait sur son vieux pupître de noyer un Evangile ouvert, — un prie-Dieu très ancien, sombre, sans ornements, dur et monacal, trouvé sans doute dans l'oratoire de quelque abbesse de Burgos ou de Valladolid.

Il se fit un bruit de petits pieds rapides qui frôlent des tapis.

— La reine, pensa le prince Flédro-Schèmyl, tout enorgueilli.

Mais, la porte s'étant ouverte, il put à peine cacher une moue de désappointement; celle qui était là, c'était la comtesse de Soïnoff.

D'abord, elle pouffa de rire. C'était sa façon de saluer les gens; comme elle était ambassadrice, ces jolis rires-là avaient failli créer d'assez sérieux embarras au gouvernement que représentait son mari. Par bonheur, il était convenu qu'elle était folle, — bien que les gens avisés en doutassent un peu. On lui attribuait cette parole grave : « La vie est un jour de Mi-Carême. Quelques-uns se masquent, moi je ris. »

Elle avait la passion de se compromettre, et l'adresse de ne jamais être compromise qu'à moitié. Pas jolie, une frimousse au lieu de visage sous de courts cheveux qui s'ébouriffaient en frisons; trop brune et ne se fardant pas, maigre avec de si petits os, mais des braises dans les yeux et des piments aux lèvres ; toilettes hardies, au point qu'elle étonnait les filles elles-mêmes par l'innattendu de ses chapeaux ou la bizarrerie affolée de ses robes, et les femmes de la cour, par la nudité de sa poitrine plate, couleur de cuir de Russie ; causeries presque libertines, où elle ne craignait pas de hasarder le mot vif et le geste qui souligne; regardant les hommes sous le nez et les femmes dans le corsage ; enragée de curiosités canailles, éprise aussi des belles choses, camarade perverse des divas de café-concert, enthousiaste protectrice de Hans Hammer, le grand musicien d'Allemagne ; ayant des amants, certes, et le laissant voir, mais ne l'avouant à personne, pas même à eux dans le tête à tête ; elle se permettait tout, avec l'air de ne rien permettre; son audace défendait d'oser.

On lui attribuait cent extravagances; aucune n'était prouvée. Elle avait une légende plutôt qu'une histoire. On chuchotait qu'on l'avait vue au bal de l'Opéra, en domino quelquefois, plus souvent en débardeur, la face nue, et le reste, comme disant aux gens : « Je vous défie de me reconnaître » ; que, non pas jalouse, mais par gageure, elle avait rendu folle d'elle, en lui empruntant un travesti, une belle fille des Bouffes dont son mari était l'amant; pis encore: qu'elle s'était prise d'un caprice sinistre et joli pour un célèbre clown qu'on allait guillotiner, et qui se nommait Aladin ou Papiol. Mais ces aventures étaient si excessives qu'elles étonnaient les médisants eux-mêmes; et comme à tout prendre, l'innocence la plus douteuse est moins invraisemblabe qu'une perversité pareille, la renommée de Mme de Soïnoff se tirait d'affaire, tant bien que mal par l'incroyable. D'ailleurs on redoutait la comtesse à cause de l'amitié de la reine. La crainte s'achève en respect; on passe tout à qui peut tout. En somme, une petite créature frivole, mais qui pouvait être terrible; méprisée à demi, tout à fait adorée, de qui l'on disait à voix basse tout le mal imaginable, à voix haute tout le bien possible; abominablement dépravée sans doute, et peut-être vertueuse! Etonnante.

Elle dit sans cesser de rire :

— Mais à quelle heure venez-vous, prince Flédro? Le jour est-il levé? Les mœurs allemandes, toujours. Les femmes, là-bas, mettent leurs corsets avant l'aurore, à l'heure où nous retirons les nôtres. C'est fort heureux pour vous que j'aie couché au Château; sans cela vous n'auriez pas été reçu. Je vous assure qu'il n'y a d'éveillés ici que moi et un petit rouge-gorge qui vient frapper du bec, le matin, à la vitre de ma croisée.

Elle disait cela avec un air de frissonner, en croisant devant son cou les dentelles d'une mantille dont les longs bouts retombaient sur un peignoir de foulard paille, tout serré contre elle, appliqué aux brisures du petit corps maigre; et il sortait de son frisson l'odeur un peu chaude, exquise, du lit récent.

Elle reprit :

— Vous permettez que je me couche sur la chaise longue ? C'est qu'il fait très froid ce matin ! Et maintenant, de quoi s'agit-il, parlez, que voulez-vous?

Un peu étourdi par ce bavardage, un peu charmé aussi par ces gestes grêles et vifs et par un parfum qui avait de quoi plaire à son expérience libertine, le prince était fort mécontent néanmoins; il dit, après un salut profond :

— Sa Majesté m'avait laissé espérer...

— Que vous seriez reçu par elle-même? Oh! prince, vous n'y pensez pas. Mais tout le monde aurait su la chose, — peut-on se cacher lorsqu'on est reine? — et les gens auraient fait mille histoires. Car, enfin, vous devez venir de la part du roi Frédérick ; ce n'est pas pour rien que vous avez fait trois cents lieues, que vous étiez hier soir à la maison Pompéienne, un peu en avant des autres, sur le passage de Sa Majesté. Vous êtes chargé d'un message, certainement ; et la politique n'est pour rien dans l'affaire. Croyez-vous que l'on ne se rappelle pas ce qui s'est passé quand Frédérick II est venu rendre visite à son royal cousin et à sa royale cousine ? Ah! le pauvre petit roi! Je me souviendrai toujours de la mine qu'il avait. Un joli homme d'ailleurs. Un peu trop bien coiffé. Mais les yeux sont très doux. Svelte comme il est, on eût dit d'une longue jeune fille en habits blancs de général ! Seulement, il se rendait ridicule, oui. Des soupirs à fendre le cœur, des regards qui avaient l'air de rendre l'âme ; tout à fait les façons d'un fiancé allemand, lorsque Gretchen ou Charlotte n'est pas venue à l'heure dite sous les tilleuls de la promenade. Et, le jour du départ, ce fut bien pis! Je vous avoue que je mourais d'envie de rire. Il avait les paupières toutes gonflées de larmes ; il n'osait pas bouger, il regardait de côté, en se tenant les mains, comme un Lubin de comédie. S'imagine-t-on cela ? se rendre amoureux d'une reine, quand on est roi! Tout mystère est impossible. Il faudrait correspondre par le moyen des ambassadeurs ; pas de billets doux, des lettres de créance, les moindres bouderies consignées dans des protocoles, et, en cas de querelle, des ultimatums. Le plus furtif rendez-vous serait de l'histoire. Voyez le bruit qu'ont fait les aventures de Cléopâtre et d'Antoine, et encore Cléopâtre était veuve, de beaucoup de gens. Enfin, le roi votre maître avait cette absurde fantaisie. Oh! je crois qu'il était sincère; et la reine qui est meilleure que moi avait pitié de lui, un peu. Mais ce fut un très grand scandale! Et vous vous êtes imaginé que Sa Majesté s'exposerait en vous recevant elle-même à faire renaître le bruit de cette aventure déjà vieille, oubliée? Point du tout. Me voilà, moi. De quoi vous plaignez-vous? Vous êtes presque ambassadeur et je suis tout à fait ambassadrice. Allons, dites, parlez, que veut le roi de Thuringe?

— Offrir à Sa Majesté la reine l'hommage respectueux de son fidèle dévouement, dit le prince Flédro-Schèmyl, diplomate.

— Oui, oui, après?

— Rien de plus, reprit-il, l'air plus clos encore.

Elle fut toute secouée d'un petit rire, comme une marionnette dont on tire à la fois tous les fils.

— Oh! le mystérieux! dit-elle en se moquant. Vous êtes de l'ancienne école. Se tenir sur le qui-vive, parler par monosyllabes. Talleyrand, tout à fait. C'est le vieux jeu! comme disent les petits journalistes. Prenez exemple sur moi, qui parle toujours et ne dis jamais rien.

Il garda le silence.

— Mais, continua-t-elle, avec une jolie moue effrayée, c'est donc très grave, ce que votre roi demande ? Il n'a pourtant pas la renommée d'être un don Juan bien formidable. Il ne tient guère de son aïeul toujours prêt à abdiquer pour l'amour d'une belle fille qui avait dansé sans maillot au théâtre de la Porte-Saint-Martin. Vous savez ce que l'on raconte de Frédérick Ier? Quand il arriva au Paradis, Saint-Pierre s'écria : « Voici le roi Frédérick, enfermez les onze mille vierges? » Votre maître est plus réservé; on n'a pas besoin de cacher les jeunes filles quand il vient. Il ressemble plutôt à Frédérick de Souabe, — je suis très pédante, c'est convenu, — qui mourut de continence, en Palestine, pour n'avoir pas voulu se laisser déshabiller par la nièce d'un sarrazin. Est-ce vrai, dites, que votre maître n'a jamais osé entrer dans la salle où son grand-père a réuni les portraits des plus belles créatures de son temps, et que, les jours de bals officiels, il s'échappe, monte à cheval et se réfugie chez sa vieille nourrice dans les montagnes, tout effaré d'avoir vu des gorges et des bras nus de femmes! C'est très ridicule, cela. Vous devez vous ennuyer considérablement à Nonnenbourg avec un roi pareil. Ce n'est pas une cour, c'est un couvent, et beaucoup de couvents sont plus gais. On dit aussi qu'il refuse de se marier. L'archiduchesse Lisi en est fort attristée. Pauvre mignonne! je l'ai connue toute petite. Elle promettait de ne pas être laide, pour une Allemande. Vous n'auriez pas une reine éclatante, mais le roi aurait une bonne femme. Eh! qu'il l'épouse donc! Faut-il que je me mêle du mariage? Non, je sais, il ne veut pas. Il reste le « fiancé de la musique ». Il a ce froid et entêté caprice. Aussi je ne suis pas du tout effrayée de son amour pour notre reine à nous. C'est une tendresse qui est un rêve. Sa Majesté l'a charmé parce qu'elle est lointaine, divine, impossible. Oui, oui, je me figure tout cela. Vous pouvez donc me dire ce qu'il exige. Une parole de pitié, un ruban qu'elle a porté, peut-être? Oh! ces faveurs-là lui suffisent.

— Ainsi, je n'aurai pas l'honneur de voir la reine? dit le prince Flédre-Schèmyl après un silence.

Elle répondit sèchement :

— Non.

Alors il se décida à parler.

Ce que le roi Frédérick demandait, ce que lui,

prince Flédro, messager confidentiel, était chargé d'obtenir, c'était un portrait de la reine:

— Un portrait? dit la comtesse étonnée. Il n'a pas de portraits d'elle? Mais on en vend partout. C'est l'usage. A toutes les vitrines, entre le mien et celui d'une écuyère du cirque. Que ne mêle-t-on pas à présent? Notre image s'encanaille. Oh! moi, j'en ai beaucoup, des portraits de la reine, et je vous en donnerai autant qu'il vous plaira d'en avoir!

— Mon maître demande à genoux, un portrait qui lui serait envoyé par Sa Majesté elle-même.

Elle prit une mine très grave. L'air d'une poupée sérieuse.

— Impossible, prince Flédro! Tout à fait impossible. Ce serait une faveur considérable et compromettante. Pour qui nous prenez-vous? Je trouve que votre vertueux roi se montre très impertinent! Que s'est-il donc laissé dire? Ah! oui, autrefois, nous étions imprudentes et folles un peu. C'était la mode. Puis, la griserie du commencement! On ne regardait pas à un sourire perdu et ramassé. Maintenant nous faisons des économies. Cela nous divertissait de bavarder avec cette bonne grosse fille qui chantait *la Gardeuse d'ours* aux petites fêtes du Château.

prince Flédro, messager confidentiel, était
chargé d'obtenir, c'était un portrait de la
reine.

— Un portrait? dit la comtesse étonnée. Il
n'a pas de portraits d'elle? Mais on en vend
partout. C'est l'usage. A toutes les vitrines,
entre le mien et celui d'une écuyère du cirque.
Que ne mêle-t-on pas à présent? Notre image
s'encanaille. Oh! moi, j'en ai beaucoup, des portraits de la reine, et je vous en donnerai autant
qu'il vous plaira d'en avoir!

— Mon maître demande à genoux, un portrait qui lui serait envoyé par Sa Majesté elle-
même.

Elle prit une mine très grave. L'air d'une
poupée sérieuse.

— Impossible, prince Flédro! Tout à fait impossible. Ce serait une faveur considérable et
compromettante. Pour qui nous prenez-vous?
Je trouve que votre vertueux roi se montre très
impertinent! Que s'est-il donc laissé dire? Ah!
oui, autrefois, nous étions imprudentes et folles
un peu. C'était la mode. Puis, la griserie du commencement! On ne regardait pas à un sourire
perdu et ramassé. Maintenant nous faisons des
économies. Cela nous divertissait de bavarder
avec cette bonne grosse fille qui chantait *la
Gardeuse d'ours* aux petites fêtes du Château.

Nous allions aux premières, très décolletées, pour populariser notre beauté. Et beaucoup d'autres extravagances. Mais ce temps est passé. Nous sommes sévères et dignes; nous sommes dévotes aussi. Nous avons de graves pensées. Nous parlons politique pendant qu'on nous coiffe. Il faut songer à l'avenir de la dynastie. Les républicains nous tourmentent beaucoup. Vous ne lisez donc pas les journaux? Un cataclysme serait fort possible, si l'on ne prenait garde. Nous nous observons, parce qu'on nous regarde. Nous allons encore au Bois, mais les roses sont coupées. Et puis, trente-quatre ans. Pas moi, — elle! Presque des matrones. Notre portrait? En robe de bal, peut-être avec la peau qu'on voit? Ah! mais il n'est pas chaste du tout votre Frédérick II. Je m'en plains, et je vous en félicite; vous ferez quelque chose de lui. Enfin, ne comptez pas du tout sur le portrait. Moi, d'abord, je m'y oppose. Je ne lui donnerais pas même le mien, s'il me le demandait!

Le prince Flédro-Schèmyl montrait une mine désolée. Il s'inclina profondément en poussant un long soupir et fit un pas vers la porte.

— Oh! mais, dit-elle en s'asseyant sur la chaise longue et en ramassant entre ses genoux les plis de son foulard paille, vous avez l'air d'être au désespoir, Monsieur l'ambassadeur?

Voyons, revenez, et dites-moi tout. Que vous avait-on promis, en cas de réussite?

Le prince de Flédro se rapprocha.

— Je vais être franc.

— Sans doute! Est-ce qu'on ment?

— J'espérais une très haute récompense.

— On vous faisait ministre pour l'amour d'un portrait?

— Moins que cela.

— Aussi, je m'étonnais. Ne vous fâchez pas! Vous comprenez ce que je voulais dire. J'entends qu'il y a des fonctions, non moins élevées, qui vous conviennent mieux.

— Et lesquelles, Madame ?

— Mais celles que vous exercez en ce moment, par exemple, dit-elle en pouffant de rire. Elles n'ont rien que de fort glorieux, du reste. Mercure était un des douze grands dieux.

Ceci le dérida. Il renonçait à être imposant. Il devint tout à fait bon enfant.

— Le roi m'avait promis, dit-il, de me nommer surintendant des théâtres de Nonnenbourg. Vous devinez ma joie. J'aurais fait représenter l'un après l'autre tous les drames lyriques de Hans Hammer! mais non pas avec la parcimonie des impresarios vulgaires. Ayant les coffres de l'Etat pour caisse directoriale, c'est par Mackart ou par Henner que j'aurais fait peindre les décors, et je voulais engager un ange pour jouer le rôle du Chevalier-au-Cygne.

Elle le menaça du doigt en le regardant de côté.

— Pas mal, dit-elle. Ceci est habile. Vous connaissez ma folie. On vous a conté l'histoire d'un éventail brisé sur le rebord d'une loge. Mais, avouez une chose : vous auriez joué vos comédies aussi ?

— Jamais !

— Allons, vous êtes un homme de goût.

Il feignit de trouver cela plaisant.

— Mais, maintenant, reprit-il, tous ces beaux rêves sont évanouis, puisque je n'aurai pas le portrait. On continuera de jouer les drames de Hans Hammer devant des toiles peintes par des barbouilleurs infimes — comme les œuvres banales de quelque musicien juif — et ce seront des ténors italiens qui murmureront, près de la rampe, avec des roucoulements de ramiers, les tragiques mélodies du maître.

— Ah ! vous me déchirez le cœur.

— Vous serez seule coupable.

Elle songea un instant, l'air très ému. Cela lui plaisait de feindre d'être prise au piège. Et puis, elle y était peut-être prise vraiment. Tout le monde a des sincérités. Elle rejeta les dentelles de sa mantille, au risque de laisser voir le matin, à un seul, ce qu'elle montrait à tout le monde, le soir, et elle dit d'un petit ton résolu :

— Eh bien, je veux vous sauver. J'ai trouvé un moyen.

— J'aurai le portrait ?

— Mieux que cela ! Tenez, ce n'est pas seulement à vous que je m'intéresse. Quant à Hans Hammer, il n'a rien à gagner ni à perdre, dans toutes ces petites choses, puisqu'il a du génie ! et que demain le consolera d'aujourd'hui. Non, c'est Frédérick II qui m'occupe. Il me plaît. Cela m'ennuie qu'il soit niais de la sorte, — nice, comme on disait. Je veux vous aider à en faire un homme. Fi ! la petite femmelette ! Est-ce qu'un roi est à sa place dans la République de Platon ? Athènes, c'est bien, mais du temps de Périclès ; et je vous offre une Aspasie.

— Je ne comprends plus.

— Vous comprendrez, dit-elle en s'animant au point qu'elle eut un peu de sang aux pommettes. Je veux qu'avant un mois la cour de Nonnenbourg, où l'on est grave comme dans un cloître, où l'on baisse les yeux pour ne pas voir les femmes, où l'on n'ose être jolie que dans les coins obscurs, soit frivole, hardie, éclatante ! Il vous faut une nouvelle Mona Kharis, vous savez, celle qui dansait sans maillot et qui cravachait les bonnets de vos étudiants. Je veux révolutionner le royaume. La reine mère sera furieuse ! Tant pis, elle est laide. Même jeune, elle avait l'air vieux. Elle se consolera en présidant le Conseil des ministres. « Faites de la politique, madame, nous ferons l'amour ! » Qu'est-ce que je dis donc là ? Je ne vous voyais plus. Enfin, ce sera charmant ! Je m'imagine les mines contrites de vos mornes fonctionnaires regardant passer la voiture à six chevaux blancs, empanachés de marabout, de la jeune favorite. D'ailleurs, ils iront à son petit lever le matin.

— Vous voulez donc venir à Nonnenbourg? demanda le prince Flédro.

— Impertinent ! dit-elle. Puis, regardez donc : je suis laide... des os, pas de chair, une peau qui brûle. C'est bon pour les raffinés, cela. Les chérubins aiment les géantes. Il faut de gros repas pour les affamés. Ce sont les gens qui n'ont plus faim qui raffolent des bécassines ; je n'ai jamais été aimée que par des hommes de quarante ans. L'expérience choisit, la naïveté accepte pourvu qu'on lui donne beaucoup. Ce que je vous offre est éclatant, bruyant, extraordinaire ! les yeux qui n'ont pas l'habitude de regarder seront obligés de voir. La vertu de votre roi est un mur; je vous conseille une catapulte.

— Que m'offrez-vous donc?

— Vous allez le savoir.

Mais elle s'interrompit.

De la chambre voisine, une voix était venue, disant :

— Eh bien! folle, je suis levée!

— Ah! vous entendez, dit la comtesse, on m'appelle. Je n'ai plus le temps de vous expliquer les choses. Un mot seulement. Allez, demain soir, aux Italiens. Ecoutez et regardez, et tâchez de comprendre. C'est un grand service que je vous rends. Aux Italiens, vous dis-je. On joue la *Cortigiàna imamorata*, de Vercelli. Oh! c'est affreux! Mais c'est de la chanteuse qu'il s'agit. Si vous n'êtes pas un sot, vous serez surintendant des théâtres dans un mois, et premier ministre dans un an. Ah! par exemple, vous ne nous déclarerez point la guerre ?

Elle s'échappa. La porte fut laissée entr'ouverte, peut-être à dessein. Il entendit des paroles chuchotées :

— Tu es une grande extravagante! D'abord je suis sûre qu'elle ne me ressemble pas du tout.

— Mais si, mais si, elle vous ressemble; et puis, le souvenir aide à l'illusion.

— Tu crois que...

— Laissez-moi faire ! C'est une jolie façon d'être aimée. On a la gloire et le rêve, non l'ennui. Nous en parlerons, le soir.

Il n'entendit plus rien. La soubrette reparut avec un air qui voulait dire de s'en aller. Il sortit. Il était perplexe, n'ayant pas très bien compris. Pourtant, il s'en alla louer un fauteuil pour la reprise de la *Cortigiàna*, au théâtre des Italiens.

IV

Dans les coulisses, au foyer, devant les portes des loges, la cloche du second régisseur sonnait à toute volée, impérieuse, brutale, aboyant comme un chien de berger qui rassemble un troupeau. Tout le troupeau s'effara. La scène à demi obscure, où le trou rond de la toile remuée dessinait une lueur ovale qui monte et descend sur les planches, s'encombrait de machinistes en vestes bleues, se hâtant, courant, se croisant, un fauteuil sur le crâne ou une chaise sur l'épaule ; des habilleuses, la tête en arrière et chargées jusqu'aux yeux de jupons bouillonnants, de robes galonnées aux manches pendantes, d'aumônières et d'épées, et de coiffes à plumes, heurtaient dans les couloirs les corbeilles poussiéreuses ou les candélabres en carton d'or des garçons d'accessoires ; dans les escaliers tournants dégringolaient les choristes dames et les choristes hommes, les figurantes et les figurants, elles trop fardées, eux le menton bleu, — malgré l'ordre de se raser de près affiché dans le foyer des chœurs, — tous maussades et ternes sous leurs velours passés et leurs satins qui se fripent; quelques loges étaient pleines de l'éternelle querelle des ténors avec leurs coiffeurs, et, dans d'autres, des soprani, en corset rose et noir, se faisaient lacer leurs bottines par une femme de chambre agenouillée, pendant que, le cou tourné vers le miroir de la toilette, elles passaient légèrement une patte de lièvre sur leurs joues pour harmonier au blanc de perle la rougeur trop crue du vermillon ; et il y avait par tout le théâtre — bruits de portes, grincements de gonds, fracas d'un portant qui tombe, flou-flous de soie légère, chuchotements, appels, jurons, et rumeurs lointaines de l'orchestre qui s'accorde — ce va-et-vient affairé, fiévreux, ce bouleversement confus qui précède le combat quotidien de la représentation et qui fait penser au branle-bas sur les navires.

— Brascassou ?

— Trésor ?

— A-t-on sonné ?

— Sies sourdo, aro ?

— Je perds la tête, tiens ! Mon maquillage ? regarde.

— Tu es trop pâle. Tu as l'air d'une honnête femme. Qu'est-ce qui te prend ? C'est stupide. La Cortigiàna est une belle fille; réserve la phtisie pour le dernier tableau; j'ai inventé une pâte tout exprès : la Crème des Poitrinaires. Mais quand tu entres en scène, au premier acte, tu es ivre; allume tes pommettes et flanque le feu aux poudres de tes yeux. Là, c'est moins mal, maintenant. Et mords tes lèvres pour qu'elles aient l'air de saigner du vin! On dirait que tu n'as jamais fait la noce, millo dious! Allons, bon, tu as gardé les manches de ta chemise. Une pensionnaire, alors? On ne verra que le cou? Pourquoi pas une robe montante?

— Enfonce la chemise dans le corset. Prends donc garde, bête! tu m'écorches le dos avec ta bague.

« Trésor », c'était Gloriane Gloriani qui débutait ce soir-là au Théâtre-Italien. Comme elle arrivait de Vienne, précédée d'une grande renommée, on lui avait donné la loge-boudoir, très enviée des prime donne, qui a vu l'énorme Alboni s'habiller en Arsace et la fine Patti se vêtir en Rosine. Devant la haute psyché, entre les deux becs de gaz flamboyants, hors d'un désordre de peignoirs et de jupes repoussées du pied, très jeune, grande, blanche, grasse, et comme triomphante, elle s'épanouissait à moitié nue sous d'énormes touffes de cheveux roux.

Quant à Brascassou, c'était le coiffeur de

Gloriane, son habilleur en même temps; vieux et laid, chafouin, de petits yeux striés de sang bilieux, qui pleurent une ambre sale, l'os du nez cassé dans quelque ancienne aventure, et la narine qui se retroussait de travers, toute barbouillée de tabac dans les poils. Il était aussi l'amant de Gloriane, quelquefois.

— La robe maintenant! dit-elle tout en aplatissant des deux mains les plis du jupon sur ses hanches. Eh bien, où est-elle? Tu l'auras laissée dans la malle, imbécile. Elle doit être dans un bel état. Allons, vite! est-ce pour aujourd'hui?

Brascassou tira de la malle un corsage et une jupe de satin vert de mer, avec une autre jupe de tulle à volants innombrables.

— Hein! dit-il, stupéfait.

— Mais ce n'est pas ma robe! cria-t-elle.

— Ce n'est pas ta malle, non plus.

— Tu auras fait quelque sottise!

— Ah! ne m'embête pas, tu sais! J'ai mis moi-même dans la malle, ce matin, les costumes de la Cortigiàna, et j'ai accompagné les commissionnaires jusqu'à la porte du Théâtre.

— Va donc, descends, informe-toi. On se sera trompé chez le concierge. On a monté cette malle au lieu de monter la mienne. Mais dépêche-toi Brascassou! puisqu'on a sonné.

Il sortit en jurant. Il revint bientôt, poussant devant lui une habilleuse, et dit à Gloriane, tout ahuri :

— Tu sais, c'est extraordinaire !

L'habilleuse expliqua que des commissionnaires avaient en effet apporté au théâtre une malle pour Mme Gloriani, mais que, plus tard, il était venu un domestique en livrée, chargé d'un grand coffre. Il avait dit : « Madame s'est trompée », et il avait remporté la malle en recommandant de monter le coffre tout de suite dans la loge de la débutante.

— Une farce! dit Brascassou, pâle de colère.

— Pour m'empêcher de débuter.

— Tu débuteras... toute nue, s'il le faut !

— Cours à l'hôtel. Rapporte une autre robe, n'importe laquelle. La Cortigiàna, ça se joue en costumes modernes.

— Et le temps ? Est-ce que j'ai le temps ? Tiens, écoute. Les trois coups. On commence l'ouverture, et tu es du premier acte !

Gloriani, demi-nue devant le psyché, crispait les poings, une flamme de colère dans les yeux, les dents dans sa lèvre rouge ; et lui, allant, venant, bousculant les chaises du pied, il faisait le moulinet avec son bras, clignait furieusement des yeux, tordait la bouche, montrait les gencives, avait l'air d'un singe qui va mordre.

Le garçon de théâtre parcourait les corridors, criait : « En scène, Mesdames ! » Le rideau était levé; il fallait que la Cortigiàna, un peu échevelée par le rire et le vin, apparût au milieu des convives émerveillés et chantât le brindisi en élevant sa coupe d'or !

L'habilleuse proposa de monter au magasin des costumes, de chercher parmi les défroques des comparses... Une défroque ! Pour Gloriani ! Brascassou faillit étrangler l'habilleuse.

On entendait les voix du chœur. Le second régisseur entr'ouvrit la porte : « Madame, c'est à vous »; et s'enfuit rapidement.

— Je suis perdue ! dit Gloriani.

— Millo dious ! sacra Brascassou en brisant d'un coup de poing une potiche de la cheminée.

Le chœur grossissait. C'était la stretta dont le dernier accord sert de réplique à l'entrée de la Cortigiàna. Le directeur lui-même, un vieux petit homme, fit irruption dans la loge.

— Eh bien, qu'arrive-t-il ? Etes-vous folle ? Vous manquerez votre entrée.

— On m'a volé ma malle ! Faites faire une annonce.

— Non ! cria Brascassou.

Il saisit la robe de satin vert de mer et la traîne de tulle, les jeta sur Gloriane en la poussant dans le corridor, l'en habilla en chemin, agrafa les deux jupes pendant qu'elle enfilait les manches, fit bouffer les volants sur l'escalier des coulisses, la poussa encore, n'eut pas le temps de lacer le corsage, cria : « Tu es nue, tu seras sublime ! » et, d'un coup de poing dans le dos, la précipita en scène.

Puis il se laissa choir contre un portant, sur une chaise qui était là, et souffla comme un bœuf.

Elle, en scène, avait bondi vers la table, levé la coupe d'or, et, d'un jet de roulade, saisi la note de violon que lui lançait l'orchestre, comme un oiseau dans un coup de vent s'agriffe à une feuille emportée.

Défaite, les cheveux tombants, la chair hors des étoffes, blanche en pleine lumière, elle se dressait pareille à une chaleureuse bacchante; l'éblouissement d'être là, soudain, la stupéfaction de se sentir en proie à des milliers d'yeux allumés et fous, l'enivraient elle-même; et elle se ruait dans la musique comme on se jetterait dans les flammes, effarée, éperdue, superbe, la voix tout envolée et la beauté tout offerte !

Dans la salle, un silence d'abord; de l'étonnement sans doute; puis, brusquement, quand Gloriane eut lancé sa dernière roulade furieuse, les applaudissements éclatèrent, enthousiastes, redoublés, acharnés, Brascassou, sur sa chaise, bavait de joie en disant: « Cher trésor ! »

Quelqu'un lui mit la main sur l'épaule ; c'ét[ait] le directeur.

— Remarquable, dit-il. Contraire à la trad[i]tion, mais superbe.

— Je le sais bien ! s'écria Brascassou.

— Succès certain. C'est égal, jeu dangereu[x.]

— Quel jeu ?

— Succès, mais scandale. Les avant-scèn[es] ne sont pas contentes. Le maréchal fronçait l[es] sourcils et se frisait la moustache avec un a[ir] qui ne présage rien de bon. Dame ! je dépen[ds] de lui ; il est ministre des beaux-arts. Il est vra[i] que la comtesse Soïnoff riait à se tordre.

— Ah ! oui, dit Brascassou. A cause du cor[ ]sage mal lacé. Que voulez-vous ? ce n'est pa[s] notre faute.

— Il ne s'agit pas du corsage, mais de tout[e] la toilette. Oh ! vous êtes très fort. N'importe[,] c'est raide.

— Je ne comprends pas, dit Brascassou.

— Vous comprenez fort bien. Vous vous êtes aperçu que Gloriane ressemble...

— A qui donc ?

— Innocent ! A la reine, parbleu ! Et vous vous êtes dit : « Profitons de ce hasard. » Je ne vous blâme pas ; nous aurons de la location. Vous avez été un peu loin tout de même. Il n'était pas nécessaire que Gloriane fût habillée précisément comme l'était la reine, avant-hier, au bal de la maison Pompéïenne.

Brascassou ouvrait tout grands ses petits yeux. Evidemment, son étonnement était sincère. Le directeur lui tendit un journal en mettant le doigt au milieu d'une colonne. Brascassou lut :

« Sa Majesté portait une robe de satin vert de mer, sans manches, et dont la jupe courte, retroussée çà et là par des touffes de fleurs marines... »

Il laissa tomber le journal.

— Millo Dious! dit-il, que veut dire ceci?

V

Brascassou, coiffeur de Mme Gloriane Gloriani, avait une histoire qui vaut la peine d'être racontée.

Un soir, un caporal de la garnison de Toulouse, — il y a très longtemps de cela, — se promenait le long du canal, non loin de la statue de Riquet. Là-bas, dans la ville, sur la place du Capitole, la retraite sonnait sa fanfare. Le caporal continua sa promenade avec un air de satisfaction; il avait la permission de dix heures; et il attendait Mlle Mion, une petite servante du pays basque, qui avait promis de le rejoindre après le coucher de ses maîtres. Elle vint. Petite et maigre, sèche, la peau dure, des moustaches, un signe noir au coin de la bouche, presqu'une mauricaude sous le foulard rouge, tordu et noué, dont les deux pointes se dressent : ce qu'on appelle une brune piquante. Lui, l'air bête et réjoui, elle, presque laide, ils s'adoraient l'un l'autre, faute de mieux; on emploie, comme on peut l'amour qu'on a en soi. Quand ils se furent assis, le caporal, sur un banc de pierre, Mion sur les genoux du caporal, elle se détourna vivement : « Escouto! » dit-elle. Il y avait eu un bruit comme d'un objet lourd qui tombe à l'eau ; ils virent une femme s'éloigner en courant et s'élancer dans une ruelle, vers la ville. Le militaire eut d'abord l'idée de poursuivre la femme, mais une petite plainte s'élevait du canal : « Un enfant! » dit le caporal. « Qu'uno garso! » s'écria Mion. Ils s'approchèrent de la rive presque à fleur d'eau, à cause des écluses fermées. Quelque chose flottait dans la grisaille du soir sur la surface immobile; quelque chose d'un peu long et de blanc : l'aspect d'un panier plein de linge dont on ne verrait pas l'osier. C'était de là que venaient les cris. Comme cette epèce de nacelle se soutenait assez près du bord, le caporal put facilement l'accrocher du bout de son sabre et l'amener à eux. Un panier, en effet, et, dedans, un petit être presque nu, tout éclaboussé d'eau, qui se tordait en vagissant, les poings devant la bouche ouverte, toute la face plissée comme une vieille petite pomme. « O! qu'es poulit, lou pitchou! » dit Mion. Il était hideux. Mais toutes les femmes ont de ces tendres complaisances pour les nouveau-nés ; pas une qui, à la première vue d'un enfant, n'ait un instant de maternité. Le caporal montra plus de froideur; « Portons ça chez le commissaire », dit-il. En réalité, il enrageait d'avoir été troublé dans ses amours. Cette femme aurait bien pu jeter son enfant à l'eau un peu plus loin. Il est ennuyeux d'être charitable, quand on n'a pas le temps.

On fit une enquête. On découvrit la mère. Une pauvre fille de la rue des Jardiniers, vieille déjà. Le soir, en peignoir blanc, de gros fard sur les joues, acheté au rabais, — un ciment de brique pilée, qui se cassait entre les rides, — elle passait la tête dans l'entre-bâillement lumineux de ses volets, au rez-de-chaussée, et faisait des signes aux hommes, à ceux qui portaient des blouses ou qui avaient des pantalons garance. Les étudiants n'auraient pas voulu d'elle, parce qu'elle n'avait plus de cheveux et qu'il lui manquait des dents. Le passé de cette misérable ? Elle-même l'avait oublié. Elle était une ordure qui se trouvait là par hasard; un fruit pourri, tombé, dont on ne voit pas la branche. D'ordinaire, ces filles n'ont pas d'enfants, par une pitié du sort. Elle en eut un, étonnée, à quarante ans. Le père ? est-ce qu'on savait ? Un jour quelqu'un demandait à un petit garçon, fils d'une marcheuse : « Et le soir, que faites-vous, mon pauvre mignon ? » L'enfant répondit : « Le soir, maman me couche, et puis elle va chercher papa. » C'était ce père-là qu'avait eu le nouveau-né jeté dans le canal. La mère, lorsqu'on l'interrogea, avoua tout de suite son crime ; elle n'avait pas de regret de ce qu'elle avait fait ; aucun remords dans cette âme obscure ; la conscience n'est pas une lumière à plusieurs flammes, dont quelques-unes peuvent éclairer encore lorsque les autres sont déjà mortes ; non cette lueur-là s'éteint tout entière, d'un seul coup. Seulement quand on apprit à la mère que son fils avait été sauvé : « Eh bien ! tant pis pour lui ! » Elle fut jugée et condamnée à cinq ans de réclusion. Elle mourut à la maison centrale de Nîmes. Quant au petit garçon, on le mit à l'hospice des Enfants-Trouvés, et il ne mourut pas, parce qu'il avait, quoique chétif, la vie entêtée.

Il grandit, devint plus laid, fut pris en grippe par les bonnes sœurs. Malingre, rabougri, morose à l'âge où les petits anges rient, il se tenait dans les coins, sournois, à demi tourné, avec un air de vouloir entrer dans la muraille. Il avait du mal aux yeux, toujours des croûtes aux lèvres. « C'est dans le sang », disaient les sœurs. Elles ne se trompaient pas. Cet innocent, fils d'un passant ivre et d'une fille — la vomissure fécondant l'égout — avait hérité la maladie du vice. A cause de cela, les religieuses le haïssaient. Ce qui aurait dû faire pitié fit horreur aux dures vierges. Ces dartres étaient l'infamie maternelle devenue ulcères; elles maltraitèrent le prostitué dans son avorton malsain croyant faire œuvre pie. Un dégoût plein de colère : l'idée de venger Dieu et de châtier le péché. Lui, battu, s'étonnait, ne comprenant pas pourquoi on lui faisait du mal parce qu'il était malade.

Il eut la chance qu'un maître corroyeur ayant besoin d'un apprenti s'avisa de venir chercher un enfant à l'hospice. On lui demanda s'il voulait Brascassou. Brascassou, c'était le petit qu'on battait et qu'on n'aimait pas. Il n'a jamais su pourquoi on lui avait donné ce nom; le fait est qu'on l'avait toujours appelé ainsi, depuis le jour de son entrée à l'hospice : le patois a des mystères. Le corroyeur répondit : « Celui-là ou un autre. » On préféra se débarrasser de « cette pourriture ». L'homme d'abord fit la grimace, en voyant ce garçon chétif, vilain, sans regard et la teigne au crâne. « Bah! dit-il, l'odeur des peaux est bonne à la santé; ça lui refera le tempérament »; et il l'emmena, après lui avoir flanqué deux gifles en manière de plaisanterie. Tel fut le commencement de l'apprentissage.

Brascassou jusqu'alors avait été battu, mais

n'avait jamais travaillé. Maintenant, il dut travailler sans cesser d'être battu. Ceci lui parut dur. Le châtiment après la besogne, au lieu de la récompense, obscurcit la vague notion du bien et du mal qui, faiblement, comme une clarté qui tremble, s'était levée en lui, lumière à peine allumée, aussitôt éteinte. Après avoir eu l'étonnement, il eut la colère avec un désir de faire du mal, lui aussi. Il en fit. Quand le patron tournait le dos, il déchirait vivement quelque peau précieuse, et, si l'on recherchait le coupable, il désignait l'autre apprenti, grand dadais plus bête que bon, qui laissait dire, ne comprenant pas. En même temps, des idées sales lui venaient. Ce n'est pas seulement son corps qui était gangrené : son âme aussi. Une fois, en passant dans la rue des Jardiniers, — il faisait une course pour son patron, — il s'était arrêté, en pouffant de rire, devant deux volets gris entr'ouverts, comme s'il les eût reconnus. Il fut le gamin ignoble, s'attardant dans les lieux malpropres, traçant du doigt de gros mots sur la muraille, faisant des farces, fourrant des ordures dans le panier de la ménagère, ricanant en dessous quand, le soir, pendant le souper, le maître corroyeur, pris de dégoût, crachait la viande dans son assiette; de sorte que celui-ci, un beau jour, jeta son apprenti dans la rue en lui fouaillant les reins à coups de souliers. Un tel dénouement n'avait rien que de logique. Ce qui avait commencé par des gifles s'achevait par des coups de pieds.

Quinze ans, maigre, les yeux petits, au cils collés d'humeurs, les lèvres jaunes, la peau grise, et mangée d'anciennes plaies, il s'en alla par les rues dans les loques de sa blouse, son pantalon déchiré aux genoux. En passant devant un bazar, rue de la Pomme, il vit une boîte verte, avec des brosses et des pots de cirages dessus. Il n'y avait ni marchands ni chalands dans la boutique. Il s'approcha de la boîte, la trouva belle, passa la main sur les poils des brosses, et, personne ne le voyant, emporta le tout. Il fit cela sans raison précise, pour le plaisir de voler; à moins qu'il n'eût l'intention de vendre la boîte; il ne la vendit pas. Un hasard peut faire naître une vocation. Le lendemain Brascassou se tenait assis sur une borne, place Lafayette, près de l'hôtel Capoul, la boîte devant lui, toute neuve audacieusement offerte aux passants : Brascassou était décrotteur.

Il fut heureux. Libre ! Plus de nonnes, plus de patron ! Couché sur le ventre, le menton dans le sable tiède, le dos brûlé par le dur soleil blanc qui chauffait toute la place, il lézardait avec délices, regardant son ombre longue traverser la chaussée, ne s'interrompant de son farniente de lazzarone que pour cirer les bottes poussiéreuses de quelque passant, ou pour écouter les histoires que se racontaient les cochers, groupés, le fouet à la main, devant leurs énormes fiacres. Il connut ce délice de la paresse : le rêve! Les tendresses de l'adolescence faillirent le rendre bon. Deux choses attiraient ses yeux souvent : une grande affiche de théâtre, jaune, aux grandes lettres noires, placardée sur le mur de l'hôtel, et, de l'autre côté de la place, une boutique de coiffeur où se frisaient des perruques, où pendaient des nattes longues, entre lesquelles tournaient incessamment deux bustes de femmes, blancs et roses, très décolletés. Le théâtre! les femmes! en regardant l'affiche de ses yeux écarquillés, il voyait s'animer, remuer, se transformer les caractères. Bien qu'il ne fût jamais entré dans une salle de spectacle, il s'imaginait, d'après des choses qu'on lui avait dites, les quinquets, les lustres, les plafonds peints, des toilettes dans les loges, et, sur la scène, entre les décors lumineux, des formes vagues, éloignées, levant des bras d'où pendaient des franges, ouvrant des bouches d'où sortaient des musiques, — plus que des hommes, des dieux peut-être ! A ces illusions se mêlaient des réminiscences, reste des leçons des bonnes sœurs : lorsque, les prunelles fatiguées de la contemplation de l'affiche où les noms des acteurs lui apparaissaient en lettres de flammes, il se vautrait, la tête sur la boîte verte, en plein soleil, il lui arrivait, presque endormi, de voir, dans l'apothéose de la rampe, un Jésus-Christ à la couronne d'épines lumineuses, pâmé sur une croix d'or, et chantant ! Mais Jésus portait un lorgnon comme le premier ténor du théâtre, dont Brascassou avait quelquefois ciré les bottes sur la place Lafayette. Des femmes, en même temps, passaient dans ces songes visionnaires, presque toujours ressemblantes aux deux poupées qui montraient leur chair de cire peinte derrière la vitrine du coiffeur. Elles aussi, elles chantaient, laissant traîner sur des mosaïques de pierreries des robes de vermeil et de satin ponceau ; mais ces robes ayant la transparence du rêve, des nudités devinées l'éblouissaient à travers la splendeur des étoffes. Réveillé de sa rêverie, il voyait l'affiche jaune et considérait le tournoiement inanimé des bustes. Alors il se frottait les yeux, se grattait l'oreille, et s'asseyait sur sa boîte, ennuyé.

Une fois, il dit au ténor dont il cirait les bottes. « Deux sous par jour, ça fait quatorze sous au bout de la semaine. Quatorze sous c'est le prix d'un billet de troisième. Je vou cirerai pour rien pendant sept jours, si vous voulez me donner un billet. » Le ténor éclata de rire, au risque de gâter sa voix, et dit : « Tu aimes donc le théâtre, petit ? Viens au Capitole ce soir ; tu diras mon nom au contrôle, on te laissera passer. » Extasié au point de devenir généreux, Brascassou versa tout son pot de cirage sur les bottes du ténor et les fit si bien reluire qu'il crut voir, dans le miroir du cuir, tourner, resplendissantes, les deux poupées du coiffeur.

En face de la vraie scène, des actrices et des acteurs réels, il demeura froid et d'abord triste. Il constata tout de suite, — certaines âmes ont cette faculté de désillusion rapide, — le mensonge grossier des décors, le fard trop rouge des femmes, le clinquant usé des dorures sur le pourpoint des hommes ; et, s'attendant à des lumières, à des parfums de paradis, il trouva que les quinquets louches puaient. Chez un enfant poète, l'amour du rêve aurait nié la réalité, aurait admiré des replis d'ailes d'anges dans l'envolement des gazes fripées et des rougeurs de vierge dans la grosse pourpre des joues ; lui, gamin bestial, qui avait dû à l'éveil de l'adolescence une heure de vision, il comprit soudainement la vérité, et, après un instant de mélancolie, l'accepta. Le rêve, à un moment donné, se lève dans tout esprit : bulle de savon en la plupart des hommes, prismatique, mais qui se résout vite en une goutte sale ; bulle aussi dans l'âme des songeurs tenaces, mais faite d'un métal transparent, qui résiste. Tout poète est un enfant rêveur continué et solidifié en homme. Brascassou fit mieux, ou pis, que d'admettre ce qu'on nomme le vrai, il s'y habitua, et l'aima. Sa mère aussi, peut-être, avait aimé cette chose. Le fils de la prostituée retrouvait et suivait la pente de sa race. Il retourna au théâtre presque tous les soirs, un peu avant la fin du spectacle, grâce aux contre-marques qu'il mendiait aux spectateurs ennuyés, en cachant sa cigarette derrière son dos pour avoir l'air plus convenable. Bientôt, aux troisièmes, il fut chez lui ; jugeant les fortes chanteuses, émettant des doutes à l'endroit du baryton, applaudissant ou sifflant, quelquefois parce qu'on le payait pour siffler ou pour applaudir. Chef d'un groupe de polissons, il devint une espèce de puissance avec laquelle les artistes devaient compter, les soirs de début ; il organisait des succès ou des chutes. Les abonnés du théâtre connaissaient sa petite tête chafouine, mièvre, laide, aux yeux demi-fermés, qui s'avançait, le menton entre les poings, sous la barre de fer de la troisième galerie ; s'il faisait la grimace, on disait : « Il y aura du bruit. » Mais il était clément pour les actrices, et bien qu'il enrageât de n'être assis ni dans les fauteuils d'orchestre, d'où l'on voit la mousseline feuilletée des jupons de dessous, ni dans les avant-scènes, d'où l'on plonge les regards jusqu'au fond des corsages, il avait des indulgences pour celles des chanteuses qui étaient très grasses. Un jour on lui offrit cinq francs pour chuter une du gazon; il prit la pièce, mais applaudit, parce que la débutante avait des bras gros comme des jambes, qu'elle levait, en chantant faux, hors de son corsage sans manches. D'ailleurs, hargneux, brutal, gouailleur, disant avec un accent qui prolongeait l'ignominie du propos : « Toutos cagnos, tè! » Gamin devenu voyou. Un soir, traversant la place Lafayette, il revit l'affiche jaune et les deux poupées tournantes; il s'arrêta, ayant honte, — pour la dernière fois; bah! il déchira l'affiche, cracha sur la vitrine et se détourna en haussant les épaules. C'était fini.

Il se tint derrière le théâtre, près de l'entrée des artistes, fréquenta les abords du Conservatoire. Il allait et venait sur le trottoir, les mains dans les poches, la blouse et la chemise ouvertes, s'offrant à qui voulait pour suivre des femmes ou porter des lettres. Il fut remarqué. Les étudiants amoureux de choristes s'adressaient à lui, avec timidité, parce qu'il semblait exercer une fonction. On savait qu'il était très bien avec le concierge du théâtre. Il avait autour de lui le mystère d'être quelqu'un qui entre dans les coulisses. Lorsqu'il était redescendu, apportant une réponse, puis attendait, avec un dandinement de jambes, la pièce de monnaie promise, les adolescents troublés, regardaient, avec une surprise où il y avait de l'épouvante, celui qui avait traversé, tranquille, l'Eden prodigieux du théâtre; et ils humaient, dans l'odeur de ses haillons, des parfums de fruits défendus. Un soir qu'il avait de la poudre de riz sur la manche de sa blouse, il s'écria en français, car il commençait à renoncer au patois : « Dame! elles m'ont embrassé! » Dès lors, il fut envié. Ceci le flatta, et haussa son ambition. A force d'intrigues, il devint figurant, et plus tard choriste, ayant une espèce de voix. Il porta, lui aussi, des pourpoints dorés, dont les galons se décousent; et, quand il se trouvait près de la rampe, il soignait ses gestes, se piétant, le poing sur la hanche, gracieux et fier. Grâce à une forte barbe volée dans la loge de la basse profonde, et qui lui cachait la moitié de sa laide face, il fut très apprécié des grisettes — il y avait encore des grisettes à Toulouse — que l'on voyait, le dimanche, aux stalles des secondes. Il eut l'honneur d'être préféré à des commis qui avaient de fort belles cravates, même à des sous-lieutenants. Mais, délicat, et se piquant d'aristocratie, il dédaignait les filles en mouchoir, se contentait des bonnets, avec dédain, aspirait aux chapeaux. Au théâtre aussi, il eut des aventures. Clignant des yeux, retroussant sa narine, il montrait une laideur gaie, faisait des farces, disait de gros mots. « Oh! le sale! » Mais tout cela amusait les figurantes, des coureuses à qui on donnait quinze sous par soirée. Il leur apportait le bruit et l'odeur du ruisseau; l'ordure est agréable aux nostalgiques de la boue. D'ailleurs, il était habile à profiter auprès d'elles de la longueur d'un entr'acte ou des hasards d'un déshabillement. Il les prenait par la taille en leur soufflant dans l'oreille, leur enfonçait ses ongles entre les lacets du corset; ça leur faisait voir trente-six chandelles, comme on dit. Quand la clochette du régisseur sonnait dans les couloirs, elles se secouaient en disant : « Faut-il être bête, tout de même! » et lui se lissait la barbe devant la glace, pendant qu'elles enfilaient à la hâte leur jupe de suissesse ou de dame d'honneur.

Cependant le soin de ses plaisirs ne lui faisait pas oublier ses intérêts. Très allumé, mais très pratique, il continuait à servir d'intermédiaire, exerçant ses fonctions dans des sphères plus hautes. Recommander un étudiant à une choriste? Fi donc! cela est bon pour les voyous amis du concierge, qui rodent le soir, les mains dans les poches, près de l'entrée des artistes. Le temps était loin où il acceptait de menues pièces de monnaie en échange de ses bons offices; il ne se dérangeait plus à moins de quelques louis. Une lettre dans un gousset, un écrin de bague dans l'autre, il guettait les premières chanteuses au moment où elles sortaient de leurs loges, les suivait, leur faisait signe et leur parlait à l'oreille, derrière un portant. Il devint un spécialiste renommé. Il fut le messager actif entre le libertinage de la salle et la prostitution des coulisses. On savait qu'il fallait s'adresser à lui. Il eut une situation presque officielle. Au commencement de la saison théâtrale, c'était M. Brascassou qui présidait, avec une espèce d'impartialité bien rétribuée, à la distribution des belles filles de la troupe parmi les « messieurs » de la ville. Il gagnait gros, et faisait des économies, n'ayant jamais payé un foulard de cotonnade à une figurante du théâtre, ni un bouquet de cerises à une grisette du quartier du Polygone. De sorte qu'un dimanche, — il avait alors vingt-cinq ans, — on le vit se promener sur les allées Lafayette, à l'heure de la musique, redingotte, chapeau noir, des bagues aux doigts, une chaîne d'or sonnante sur le ventre, et faisant le moulinet entre le double rang des chaises avec une canne à pomme de cornaline.

Sa fortune l'éblouit. Son ambition ne connut plus de bornes. Il lâcha la figuration qui lui dérobait trop d'instants, le détournait de son industrie principale. Il élargit le cercle de ses connaissances, fraya avec les étudiants riches qu'il divertissait par son bavardage d'arsouille, s'insinua dans les cercles aristocratiques où fut inventée par lui la fonction chimérique d'aide-croupier. Prêt à tout, ne répugnant à rien ; connaissant les bons endroits où l'on soupe et les mauvais lieux où l'on aime; sans égal pour dresser les menus, sans pareil pour choisir les filles ; excellant à calmer les créanciers hargneux et les maîtresses irascibles, faisant les courses; souvent familier et toujours obséquieux, presque un ami, tout à fait un domestique, dînant quelquefois dans la salle à manger et ne refusant jamais de descendre à la cave, offrant de vous servir de témoin et cirant vos bottes le matin du duel, — remarquable d'ailleurs par un instinct de se trouver précisément où l'on avait besoin de lui, — il fut l'indispensable factotum du libertinage de toute une ville.

Il eut la chance de rencontrer deux associés dignes de lui : Minuche et Filouse.

Minuche, long, maigre, et bossu, — l'air d'un échalas où il y aurait un gros nœud, — était quelqu'un de qui on disait qu'il faisait des affaires. Quelles affaires? On ne savait pas au juste. En réalité, il servait d'agent à deux ou trois banquiers qui prêtaient volontiers de petites sommes aux jeunes gens dans l'embarras, au taux de cinquante pour cent bien entendu, et sur de bons gages, naturellement. Le proxénète de l'usure.

Filouse, vieux, déguenillé, malpropre, la lèvre qui pend, l'œil qui pleure, répétant sans cesse : « Là! là! là! » avec des claquements de langue, idiot, plaintif, avait pour métier apparent de vendre des passe-lacets et des paquets d'aiguilles anglaises dans les cafés d'étudiants; mais jamais il ne vendit un seul paquet d'aiguilles ni un seul passe-lacet! La vérité, c'est qu'il connaissait les adresses des petites grisettes pas encore ou récemment déniaisées; et, tout en étalant sur les tables ses menues marchandises, il disait à l'oreille des gens qui lui inspiraient confiance : « Là! là! là! une petite poulette, quatorze ans, des yeux purs comme des gouttes de rosée, là! là! là! Une odeur de venelle au printemps. Celui qui l'embrassera croira manger des églantines. Et l'on pourrait s'entendre avec la famille. Pas cher. En cas d'accident, il y a un cousin qui épouserait, là! là! là! »

Brascassou, Minuche et Filouse, — forces diverses, mais concordantes, — s'adaptèrent merveilleusement et, complétés l'un par l'autre, formèrent un ensemble parfait. Spécialité de Brascassou : les actrices; spécialité de Filouse : les fillettes; spécialité de Minuche : l'argent, indispensable dans les mansardes comme dans les boudoirs. De sorte que leurs profits communs étaient considérables.

Mais Brascassou, grisé par le succès, s'élança dans des aventures. Le rêveur peut-être n'était pas tout à fait mort en lui. Il imagina de vastes entreprises, fonda des cafés-concerts, s'avisa de donner dans un quinconce, aux portes de la ville, de grandes fêtes populaires où l'on buvait, où l'on dansait sous les arbres. Accrochés aux tringles circulaires des mâts de cocagne, pétillaient de soleil le cuivre des montres et l'argent des saucissons; les wagons des montagnes russes emportaient dans des tournoiements affolés les grisettes qui jettent un cri en rattrapant leur coiffe et les grisous pouffant de rire sous l'envolement des jupons. Tréteaux où des musiciens habillés en houssards soufflent frénétiquement dans des trombones bossués, voitures de somnambules, tables d'escamoteurs, hercules qui jonglent avec des poids, danseur de corde ayant pour balancier un énorme mirliton, chevaux de bois qui tournent dans un immobile galop, c'était toute une immense frairie foraine; et, dans une musique enragée, où le tonnerre des grosses caisses épouvante et disperse les cliquetis de chapeaux chinois, devant un brasier gigantesque de jeunes chênes écroulés en tisons, rôtissait en puant, cornes et cuir, un bœuf entier!

Le public, en général, se montra indifférent : Brascassou ne fit pas ses frais. Gêne, huissiers, procès, faillitte. Il avait emprunté de l'argent à Minuche qui fit vendre jusqu'à la broche du bœuf.

Il espéra prendre une revanche en organisant, dans un cabaret de banlieue, une réunion hebdomadaire qu'il nomma ingénieusement le bal Bathylle : on y portait la chlamyde, pas toujours. L'entreprise prospéra d'abord, à cause d'un assez grand nombre d'Anacréons; mais le secret fut mal gardé et la police dut s'inquiéter de la chose. Le bruit courait que des maraîchers avaient trouvé un matin, derrière le cabaret, dans la ravine du chemin, un jeune garçon étranglé au moyen d'une jarretière qu'il avait encore au cou. Par bonheur pour Brascassou, l'oncle du préfet, vieillard très respectable, eût été compromis par des débats publics. Le parquet consulta télégraphiquement le ministre de la Justice, et celui-ci répondit par dépêche chiffrée : « Etouffez l'affaire. » Seulement, l'organisateur du bal athénien fut invité à quitter la ville et même la France. Minuche et Filouse, les larmes aux yeux, l'accompagnèrent à la gare. Il partit pour l'Espagne, se souvenant d'un agent de change de ses amis, qui, après une banqueroute, était allé fonder une maison d'escompte à Pampelune. Il comptait sur cet ami : tout le monde a des illusions. Quand il eut pris son billet, il dit : « Je n'ai plus un liard »; et il demanda un louis à Muniche. Celui-ci, par un malheureux hasard, avait oublié son porte-monnaie; Filouse, en sanglotant, donna deux francs à Brascassou. « Au moins tu pourras acheter du tabac, là! là! là! »

A Pampelune, l'exilé ne trouva pas son ami. Le banqueroutier venait d'être condamné comme faux-monnayeur. « Biédase! dit Brascassou, est-ce que je vais crever de faim, moi? » Il avait menti à Minuche et à Filouse : il possédait deux cents francs, mais c'était peu de chose, cela. Il erra par la ville, regardant, écoutant, essayant de démêler parmi ces mœurs inconnues la possibilité de quelque industrie. Il en était à un point où il n'eût répugné à aucune besogne, même honnête. Mais Pampelune a l'air clos, renfrogné, presque hostile. Les façades d'un gris sombre, noirâtre, tiennent leurs jalousies baissées; les portes s'ouvrent rarement et se referment vite; partout le refus d'accueillir, et même la résolution de repousser. Il marchait au hasard, inquiet. Sur la grande place, carrée, entourée d'arceaux et plantée de petits arbres également espacés, raides et froids, aucune joie, aucune vie; à peine deux ou trois enfants mal vêtus qui se poursuivaient sans courir; un homme couché sur un banc de pierre, dans une vieille couverture, et regardant dans ses yeux mi-clos, la fumée de sa cigarette monter tout droit dans l'air sans vent. La solitude d'un cimetière. Jamais un roulement de voiture : quelquefois un bruit sourd et mou d'alpargates sur le pavé. Seule, à l'un des angles de la place, dans la baie d'une arcade, une boutique vivait; c'était celle d'un barbier, pleine d'un tumulte de gestes et de voix bavardes. Là, sans doute, se résumait tout le mouvement de la ville, Brascassou se promit d'observer cette boutique. Il continua d'errer par les rues silencieuses, mornes, que traversait rarement une servante, le seau de cuivre sur la tête.

Il fit halte, presque aveuglé.

Il avait devant lui, en plein soleil, une vaste et prodigieuse rougeur, chaude, puissante, intense, qui lui éclaboussait les yeux comme d'une soudaine effusion de sang; cela ressemblait à un champ écarlate d'une récente hécatombe, ou à une plaine tout empourprée de pivoines; l'idée venait d'un carnage en fleurs.

Brascassou regarda mieux.

C'était un marché encombré, par amas hauts et larges, de ces gros piments rouges qui sont la nourriture principale des pauvres dans l'Espagne du nord. Derrière l'étagement des fruits, des vendeuses en guenilles se tenaient assises, et des ménagères rôdaient, çà et là, s'arrêtant quelquefois, marchandant, jacassant; mais toutes les couleurs, — les bruits même aurait-on dit, — se fondaient dans une énorme splendeur de pourpre qui saigne.

Cependant, comme un lever de soleil hors d'un horizon drapé de nuages ponceaux, un front de femme, coiffé de rayons fauves, émergea, seul, de tout ce rouge ; grande, blanche, sous de grosses touffes de cheveux roux, elle s'avançait, lumineuse, ayant l'air d'une Fornarine peinte sur un fond de cinabre, — éblouissement d'or sur l'éblouissement vermeil.

Elle passait.

Brascassou remarqua que les autres femmes se détournaient, laissant la route libre, rejoignant les marchandes cachées derrière les tas de piments ; la place parut vide et fut vraiment silencieuse : la passante se dressait, isolée, comme la flamme unique d'un grand foyer de braises.

Elle s'arrêta un instant, retroussant d'un air de mépris sa lèvre grasse, piment aussi, et parcourut le marché d'un regard qui dédaigne et qui défie.

Elle s'éloigna.

Il la suivit, étonné.

Il ne voyait plus maintenant que les torsades lourdes du chignon fauve et les frisons bistrés de la nuque.

Il remarqua encore que les gens s'écartaient d'elle. Plus personne sur un seuil où tout à l'heure bavardaient trois commères ; il y avait de brusques bruits de volets clos ; une vieille, sordide, au monton gris de barbe, s'élança sur un petit garçon qui jouait au milieu de la rue et l'emporta en courant ; une servante, de la fenêtre d'un second étage, répandit devant la passante le contenu puant d'un panier d'ordures, avec l'air de le faire exprès.

La grande femme continuait son chemin, sans hâte, seulement elle tourna un peu le cou en levant la tête vers la servante; Brascassou vit qu'elle avait toujours dans l'œil un regard de défi et le pli du mépris aux lèvres.

Dans la ville effarée et morne autour d'elle, elle était comme une reine qui traverserait sa capitale le lendemain d'un massacre, haïe et triomphante.

Elle s'engagea dans une ruelle peu large, entre de hautes murailles. Point de portes, point de fenêtres : un couloir très prolongé sous une étroite bande de ciel. Elle marcha plus vite : Elle se trouva dans une plaine herbeuse qui monte en pente douce vers les remparts noirs et verts de la ville. Aucun arbre. On voyait se dresser, droits, sur l'horizon, les deux poteaux énormes d'un pont-levis, d'où pendaient des chaînes. Elle s'arrêta au milieu de la plaine, devant une petite bâtisse carrée, basse, à deux croisées seulement, façade qui se déplâtre, toiture en chaumes de maïs échevelés par le vent. C'était une maison terne, grise et laide; mais des rideaux d'un rouge vif ensanglantaient les fenêtres.

Avant d'entrer, la femme se retourna; Brascassou put la regarder de tout près.

Etroitement enveloppée, plutôt que vêtue d'une robe de soie grise, mince étoffe luisante et miroitante qui s'adaptait sans plis aux rondeurs

dures de la gorge et des flancs, et serrai
bien les chairs comme une autre peau sur la
peau, elle était véritablement d'une beauté glo-
rieuse, avec son épaisse chevelure d'or presque
vermeil, ses grands yeux d'un bleu net et profond, plus vides que l'azur des lacs, son nez
courbe dont les narines charnues se rebrous-
saient pour humer fortement, et sa bouche aux
lèvres de sang, pareille à un gros fruit de
pourpre crue, sa bouche grasse, ouverte,
offerte, hautaine cependant, — impériale et
bestiale.

Elle considéra Brascassou et se mit à rire
d'un grand rire sonore, rouge et chaud, qui
montra des dents de louve contente.

Puis elle dit :

— Tu es étranger?

Comme beaucoup de gens du midi de la
France, Brascassou entendait assez bien l'espagnol et le parlait même, avec un mélange de
mots patois, de façon à se faire comprendre.
Pourtant il ne répondit pas tout d'abord ; cette
brusque parole, ce tutoiement impudent l'avaient
ébouriffé.

Elle dit encore :

— Français?

Il se remit ; il n'était pas de ceux chez qui
les apparences de l'étonnement persistent ; habi-

tué aux aventures, il s'installait très vite dans l'extraordinaire.

— Français, dit-il, et mieux que Français, Gascon.

— Tu m'as suivie?

— Ma foi, oui.

— Pourquoi?

— Parce que tu es belle.

— Oui, belle, mais tu es laid, toi. Enfin je te plais?

— Millo dious! s'écria Brascassou.

— Alors, viens ce soir, dit-elle dans son beau rire éhonté.

Puis elle entra dans la maison, en ferma la porte. Il resta seul au milieu de la plaine, regardant la muraille, ébahi. Si accoutumé que l'on soit aux hasards, l'invraisemblable poussé jusqu'à l'absurde a de quoi rendre perplexe. Cette aventure l'occupait au point qu'il ne songeait plus à sa situation misérable dans une ville inconnue, à ses poches presque vides. Qu'est-ce que c'était que cette femme, sur les pas de laquelle se fait la solitude et le silence, comme autour du spectre de la peste traversant les cités? Pourquoi lui avait-elle dit avec ce rire : « Viens ce soir » ? Il promena ses regards autour de lui, cherchant quelqu'un qu'il interrogerait. Pas un être vivant, — sinon une sentinelle, là-bas, qui allait et venait de l'un à l'autre poteau du pont-levis. Il songea que ce militaire pouvait connaître l'habitante de la maison aux fenêtres rouges; il se dirigea vers le pont-levis. L'ennui de la faction dispose aux causeries avec les passants; le soldat ne se fit point prier pour entrer en conversation avec Brascassou; il offrit une cigarette, accepta un cigare. Ils étaient déjà les meilleurs amis du monde. « A propos, camarade, savez-vous qui loge, là, dans cette maisonnette? » Le soldat devint tout pâle, puis, comme ayant reçu quelque grave offense, marcha droit à l'étranger, la baïonnette en avant. « Biédaze! » pensa Brascassou, en tournant les talons; il n'était pas homme à pousser la curiosité jusqu'à l'imprudence.

Il se souvint de la boutique du barbier, bavarde et tumultueuse; il serait facile d'y obtenir des renseignements. Brascassou retourna dans la ville, s'en alla vers la grande place; précisément, il avait besoin de se faire raser. Mais, en entrant sous l'arcade, il eut un geste de désappointement; la boutique était déserte, à peu près; ce n'était plus l'heure où les habitants de Pampelune se font tailler la barbe et les cheveux en lisant les journaux madrilènes, ou attendent leur tour en commentant les nou-

velles politiques avec de grands éclats de voix
et des gestes de tribune. Le barbier se tenait
debout, à côté d'un client unique, qu'il accommodait en silence, avec une gravité respectueuse.
Néanmoins Brascassou entra, et, sur un geste
poli du perruquier, s'assit devant une tablette
de marbre surmonté d'un miroir qui penche;
puis il se tint coi, un peu embarrassé. Ne
sachant comment occuper ses yeux, il considéra les affiches de parfumeries parisiennes,
dont les cadres d'or décoraient symétriquement
les quatre murs de la boutique; il regarda
aussi l'homme qui se faisait raser. Un homme
de soixante ans environ, chauve, avec une
frange plate de cheveux gris, qui lui descendait sur les oreilles et jusqu'à la nuque, comme
une coiffe sans fond, trop large pour la tête.
L'air digne, tout de noir habillé, ce devait être
quelque important personnage de la ville, un
fonctionnaire, sans doute. Un peu inquiet de
cette présence austère, Brascassou ne se hâtait
pas d'engager l'entretien avec le barbier, lequel,
d'ailleurs, promenant l'acier du rasoir avec une
délicate prestesse sur le menton mousseux de
son client, paraissait profondément absorbé
dans cette occupation, et ne s'en interrompait
que pour dire, en saluant jusqu'à terre : « Que
Don José veuille bien pencher le cou en arrière! »

ou bien : « Que Don José daigne me permettre de lui relever le bout du nez ! » Don José penchait le cou, se laissait retrousser le nez avec un sourire de hautaine condescendance. Enfin Brascassou prit son courage à deux mains, comme on dit. Après s'être excusé de son mauvais espagnol, il expliqua qu'il était arrivé le matin même à Pampelune, qu'il avait rencontré dans la rue une femme fort singulière d'une grande beauté, blonde, presque rousse, et il ajouta qu'il serait curieux d'apprendre... Don José poussa un cri ! le rasoir avait pénétré dans la peau du menton, où une rougeur de sang se mêlait à la mousse. Alors le barbier fit peine à voir, véritablement ; il balbutiait, se prenait les cheveux à pleines mains, voulait se couper la gorge avec le fatal acier ! « Et, pourtant, ce n'était pas sa faute si sa main avait tremblé ; avait-il pu rester maître de lui-même en entendant parler de la Frascuèla, de cette exécrable et démoniaque créature, dans sa propre maison, en présence de don José, en présence de l'alcade ! » Tourné vers Brascassou, il roulait des yeux furibonds, tout luisants de haine, et brandissait le rasoir, qui étincela avec un air de colère aussi. L'alcade voulut bien s'interposer. Il dit avec un regard de bonté et d'une voix paterne qu'il n'y avait pas grand mal en tout ceci ; que la blessure était peu grave ; que sans doute ce « monsieur » aurait beaucoup mieux fait de ne point parler de la Frascuèla, mais que sa qualité d'étranger le rendait digne de pardon ; il aimait à croire d'ailleurs, lui, alcade et père de famille, que cette imprudence était le résultat d'une curiosité innocente, plutôt que d'un coupable désir ; il prononça beaucoup d'autres paroles sensées et bénignes, crut devoir conclure, pourtant, — et d'un ton assez sec, — que si le voyageur persistait à s'informer de cette « créature », il ferait sagement de s'adresser ailleurs, et à d'autres personnes. Brascassou ne demandait pas mieux ! Il ne se souciait pas de se mettre mal avec l'alcade, le jour même de son arrivée à Pampelune. Il fit donc les plus humbles excuses, conseilla d'apposer sur la blessure un léger emplâtre de diachylum ; et il allait sortir de la boutique lorsque don José, debout, et les deux mains tendues vers la place, s'écria d'une voix forte :

— Attendez, Monsieur ! si le respect que d'honnêtes gens se doivent à eux-mêmes nous empêche de vous dire ce que c'est que la Frascuèla, nous pouvons du moins vous montrer ce qu'elle a fait. Puisse un tel exemple vous servir d'enseignement ! Regardez, monsieur ! Regardez ! vous dis-je.

Un peu troublé par cette allocution solennelle, Brascassou ne bougeait pas; il vit le barbier tomber à genoux sur les carreaux de la boutique et se signer en marmottant. Alors il se retourna. Un convoi funèbre défilait sur la place, entre deux rangées parallèles de petits arbres tristes.

Derrière le sacristain vêtu de mousseline plissée, et qui, marchant à pas égaux parmi quatre enfants de chœur, tenait levée la croix d'argent où s'étire le crucifié d'or, une civière était balancée sur les épaules de six hommes noirs, dans un roulis rhythmique de procession; par-dessus le grand drap couleur de neige, que soulevait la longueur d'un cercueil deviné, souriaient tristement en bouquets ou pleuraient en guirlandes des lilas blancs, des roses blanches et de blêmes asphodèles; des femmes venaient après, courbées, pleurantes, robes de bure obscure, sous d'épais voiles noirs que gonflaient leurs sanglots; et, à la suite, par rangs de cinq, les membres très nombreux de plusieurs congrégations se prolongeaient en un long cortège de frocs sombres, ceux-ci bleus, ceux-là bruns, d'autres roux, où pendaient sur les dos des bandes de couleurs vives.

L'alcade reprit :

— Don Tello de Neyra était un aimable jeune homme, presque un enfant encore; il donnait beaucoup de satisfaction à ses parents et à ses maîtres, on le destinait au service de la sainte Église, et il eût été un digne prêtre. Il était déjà fort savant ; il parlait cependant avec modestie, les yeux baissés, d'une voix douce. Maintenant, il est mort.

— Quelque maladie soudaine? demanda Brascassou en prenant un air très suffisamment attristé.

— Non, dit l'alcade.

— Un accident?

— Non.

— Qu'est-il donc arrivé à ce digne jeune homme?

Don José répondit :

— Il est entré le soir dans la maison de la Frascuèla.

Et il acheva cette parole dans un geste noble, qui donnait congé. Brascassou, après un profond salut, s'esquiva. A vrai dire, il concevait assez mal quel rapport pouvait exister entre la Frascuèla et la mort de don Tello ; mais, ce qu'il comprenait à merveille, c'était le péril d'interroger les gens de Pampelune à propos de la détestée et magnifique fille. Il se le tint pour dit. A l'auberge, il n'eut garde de questionner l'hôtesse ni les servantes, redoutant d'être flanqué à la porte; il observa le même silence circonspect dans le cabaret où on lui servit des pois chiches cuits à l'eau et des piments doux frits dans l'huile rance, convaincu que, pour unique réponse, à la moindre question sur la Frascuèla, il recevrait en plein visage l'huile bouillante des piments, ou même les pois chiches, durs comme de petites balles, qui n'auraient pas manqué de lui crever un œil. Mais il s'interrogeait lui-même, avec une fièvre qui lui était peu habituelle. Brascassou, — doué de cette sorte d'intelligence médiocrement compréhensive, non ouverte, sournoise, étroite, en pointe, qui s'effile dans le museau des blaireaux et des fouines, — avait pourtant ceci de remarquable, qu'il n'était pas homme à se contenter de la première hypothèse venue, à tenir pour bonne une explication quelconque, par la seule raison qu'elle est simple. A sa place, bien des gens se seraient dit : « Bon ! une belle fille à qui l'on en veut parce qu'elle est blonde et qu'elle manque de préjugés ! » Non, il sentait qu'il y avait autour de la Frascuèla des haines, des réprobations d'une espèce particulière, très différentes de celles que s'attirent les courtisanes banales; comme il avait flairé en elle une rare créature, imprévue, anormale, peut-être admirable, peut-être effrayante. Il y a des réalités qui ressemblent à l'impossible; les monstres existent. En même temps, quoiqu'il ne fût point sujet aux pressentiments, il éprouvait l'intuition vague d'une entente probable, d'un accord prochain entre la Frascuèla, forte et terrible, et lui, chétif et subtil; le renard pourrait être utile au lion; le requin se laisse guider par ce petit poisson appelé le pilote.

Dès que ce fut le soir, il s'engagea dans l'étroite ruelle, entre les deux longs murs. Il eut un étonnement : il avait été frôlé par une robe de prêtre, qui se hâtait et le devança. « Hein ! » Mais il ne donna pas grande attention à cette rencontre. Il marchait dans l'ombre, en tâtant les murs; il fut brusquement enveloppé d'air frais, comme on l'est lorsqu'on débouche dans un vaste espace libre.

Toute la plaine montante noircissait sous le ciel bas où roulaient par instants de sourds fracas d'orage; les remparts n'étaient dans les ténèbres qu'une obscurité plus opaque, et la baïonnette de la sentinelle invisible reluisait au loin, çà et là, comme une couleuvre vive, qui se tiendrait en l'air, puis s'éteignait. Mais les deux fenêtres rouges, ardemment éclairées, crevaient la nuit. Fixes et comme braquées, on eût dit qu'elles menaçaient la ville. Il eut aussi la pensée de deux trappes d'enfer, ouvertes avec une offre affreuse de vertige.

Brascassou se réjouit; ces lueurs témoignaient

qu'il était attendu. Il pressa le pas. « Oh ! oh ! » s'écria-t-il. On avait marché dans la plaine. L'idée d'un piège possible lui traversa l'esprit ; il avait deux cents francs dans sa poche ; il regrettait de ne pas avoir laissé son argent à l'auberge. Inquiet, il regarda autour de lui. Des formes çà et là s'approchaient, qu'il n'avait pas aperçues d'abord, à cause de l'éblouissement des fenêtres rouges ; formes humaines, nombreuses, venues de divers points de la ville, éparses, mais toutes se dirigeant vers un but unique, semblait-il. Les lignes décrites par ces promeneurs nocturnes imitaient les branches espacées d'un éventail ouvert, qui convergent vers la charnière ; et le point de concentration, c'était la masure de la Frascuèla, où les croisées éclataient toujours, pareilles à du feu vu à travers du sang. « Millo dious ! » dit Brascassou stupéfait. D'ailleurs, ces hommes, comme par une convention antérieure, n'avaient pas l'air de s'apercevoir l'un l'autre. Ils allaient, directs et isolés. Pas une parole, pas un signe visible. Bracassou entendait seulement, dans le grand silence, des bruits de pas, qu'assourdissait le gazon, et des souffles pressés, presque haletants, bien que les marcheurs avançassent avec lenteur, avec précaution même, courbés ayant l'air de suivre une piste et comme prêts à bondir soudain. « Ah ! bah ! Ah ! bah ! »

répétait Brascassou, d'autant plus étonné que, ses yeux s'étant habitués à l'ombre, il avait cru reconnaître, dans un homme à sa gauche, le barbier de la grande place, et l'alcade don José dans un homme à sa droite.

Il y eut, à la même seconde, chez tous les approchants, un secouement brusque, comme si une traînée de poudre, passant sous les pieds de chacun, s'était allumée partout à la fois ; et ce furent, dans un brouhaha subit, des cous qui s'allongent, des visages qui se lèvent, des bras ardemment tendus.

Toute de neige et d'or, la Frascuèla rayonnait entre les vitres rouges.

Ils se précipitèrent, mêlés, heurtés, poussés ; le noir frisson des vêtements, épars et comme battant de l'aile vers cette flamboyante fille, parodiait un vol éperdu de grands papillons de nuit, qu'un feu attire, ensorcelle, consume et tord.

Mais Brascassou s'était élancé le premier. Elle le vit ; elle dit : « Toi ! » en refermant sa fenêtre ; et, la porte s'étant ouverte, il se jeta dans la maison.

Il fut ébloui.

L'impression, d'abord, d'une violente entrée dans la splendeur d'un bûcher de parfums ; des chaleurs, des odeurs, des couleurs ; la vision aussi de se trouver tout à coup, au milieu d'un tournoiement de flammes, sous une avalanche de fleurs miraculeuses et de plumes d'oiseaux chimériques ; et il lui semblait que ces pourpres et ces ors, ces aromes, ces feux épars, étaient les vêtements tombants de la Frascuèla, qui riait, demi-nue.

Après un instant de trouble causé par le brusque passage de l'ombre à la lumière, Brascassou vit mieux les choses. Il se trouvait dans une chambre étroite, tendue d'oripeaux écarlates où s'allumaient des paillons ; des lambeaux de satin, çà et là, bleus, roses, verts, s'accrochaient aux murs, traînaient sur le tapis, sans raison, sans utilité visible, pour être des couleurs. Quelque chose comme une palette d'étoffes. Un coin de prairie artificielle, fantasquement épanoui. D'ailleurs, loques, clinquants, paillettes. Mais l'étincellement furieux de vingt bougies entre des cristaux qui devenaient des flammes, faisait chatoyer les soies, pétiller les dorures ; et la Frascuèla, blanche et grasse, éclatante hors de son peignoir tombé, sous l'enveloppement de ses cheveux fauves, — affolée, ivre peut-être, car, en reculant un peu dans un mouvement qui chancelle, elle s'appuyait au goulot d'une bouteille qui roula sur la table, — la Frascuèla, couleurs, odeurs, chaleurs, imposait par le miracle vrai de sa beauté, une réalité de luxe et de joie à la chimère du décor.

Elle dit, dans son rire de pourpre :

— Oh! que tu es laid! Mais il paraît que c'est très amusant, les Français. Tu me feras rire, dis?

Languissante, abandonnée, avec la grâce un peu lourde d'une bête qui s'étire, elle mit les deux bras au cou du petit homme.

Lui, plein d'ébahissement, émerveillé jusqu'à la peur, il s'éloigna de la chaude et pesante étreinte en balbutiant : « Oh! voyons, voyons, qui êtes-vous? » car il n'osait plus la tutoyer, la trouvant trop belle.

Riant toujours, mais hautaine, elle s'écria d'une voix emportée.

— Qui je suis? Celle qu'on désire et qui se donne. Qu'as-tu besoin d'en savoir davantage? Tu m'as voulue, me voici. Ne suis-je pas rayonnante comme une étoile et superbe comme une grande fleur? Mais les étoiles sont trop haut, et les fleurs attendent qu'on les cueille; moi, je suis du feu stellaire et de la chair de lys, qui s'offrent! Repais-toi de flammes et d'odeurs. Qu'as-tu donc? Es-tu lâche? As-tu peur des vertigineuses ivresses? Ah! oui, je devine, ils t'ont parlé, les gens de la ville, ils t'ont dit : « C'est le monstre, prends garde! »

Des poltrons! des niais! Pourquoi me haïssent-ils, puisque je les aime? Les épouses pleurent, les fiancées se désolent; est-ce que cela me regarde, moi? Ai-je pour mission de sauvegarder le paisible sommeil des lits conjugaux et la chasteté des rendez-vous enfantins? J'ai une destinée, qui en bouleverse d'autres; qu'elles se garent, la mienne se précipite. Quand je passe parmi des hommes, leurs yeux chauffés se dilatent, leurs bouches bâillent, molles, et leurs cous se gonflent, comme ceux des ramiers qui roucoulent des râles. Eh bien! sans doute, puisque nulle n'est plus belle que moi! Il est tout simple que le vent d'orage secoue les roseaux, et que l'incendie allume les granges. J'ai fait du mal, soit; plusieurs sont morts, désespérés, parce que je leur avais dit : « Je ne veux plus »; ou, brisés, parce que je leur avais dit : « Je veux encore. » Pourquoi les uns m'aimaient-ils, toujours? pourquoi les autres ne pouvaient-ils plus m'aimer? Je ne suis responsable ni de l'imbécillité de ceux-ci, ni de la folie de ceux-là. D'ailleurs, qu'ont-ils à regretter, les cadavres qui furent des vivants dans mes bras? Aujourd'hui, on a enterré don Tello, ce jeune homme; les cloches ont sonné la plainte funèbre des glas, pendant que, sous leurs voiles noirs, sanglottaient douloureusement les pleureuses;

et toutes les mères m'ont maudite, songeant que leurs fils aussi pourraient mourir comme lui, à cause de moi. Parbleu! Mais qu'il ressuscite, l'enfant pâli, et qu'il dise si, en échange de la vie, il n'a pas reçu assez de plaisirs et d'extases pour remplir de songes splendides l'éternité de sa tombe! Va, va, ils le savent bien, cela, les hommes qui disent : « Je la hais! et qui mentent. Le sarment ne déteste pas le brasier, puisque sa joie d'être consumé pétille en étincelles. Le jour, ils me fuient, oui, mais en se détournant pour me voir encore, pour emporter un peu de moi dans leurs yeux, puis, quand l'ombre vient, — à l'heure où les démons de la luxure rôdent autour des âmes, — c'est la Frascuèla qui s'allume pour eux dans les lueurs du ciel, c'est elle qu'ils aspirent dans l'air chaud qui passe ; et, s'ils résistent à me chercher, les frissons de mes cheveux leur courent toute la nuit sous la peau dans la tiédeur fiévreuse de l'oreiller. Mais ils ne résistent pas! Tu les as vus! Tu les a vus! Rampant, glissant, dans l'ombre, ils viennent. Ne les sens-tu pas tout près de nous? Ils nous entourent d'un cercle de désirs haletants, qui se rapproche et se resserre. Les flammes où nous sommes viennent peut-être de leurs yeux, dont l'ardeur perce les murs! leurs souffles nous enveloppent ; c'est la poussée de leur passion qui me précipite dans tes caresses, et tu m'embrasses avec tous leurs bras ! »

Elle parlait ainsi, monstrueuse, et si belle. Lui ne comprenait guère, habitué aux réticences sournoises des libertinages vulgaires, gêné par cette hautaine franchise dans l'immonde. Il avait prévu quelque chose de singulier, d'énorme quant à lui, petit, mais non pas de formidable à ce point. Gredin médiocre, il répugnait à la vraie grandeur, même dans le mal. Puis il s'accommodait mal de ces façons de s'exprimer, inaccoutumées, emphatiques, pédantes aussi, quoique farouches. Quelle femme était-ce donc là? Un bas-bleu forcené en même temps qu'une fille? Elle avait des gestes de prophétesse, après avoir fait signe aux passants. Mais sans doute ceci n'était chez la Frascuèla qu'une crise momentanée, — il voyait sur la table deux bouteilles presque vides; il n'était pas possible qu'une telle exaltation fût un état normal. En somme, il ressentait un vif besoin de revenir, — non du ciel, mais de l'enfer, — sur terre ; et il essaya de rompre le sombre enchantement par une parole bien simple, bien vulgaire, qu'il avait dite vingt fois en d'autres rencontrés : « Frascuèla, est-ce que tu ne veux pas me raconter ton histoire ? »

Elle le regarda dans les yeux, étonnée.

— Bah! est-ce que j'ai une histoire, ou, si j'en ai une, crois-tu que je m'en souvienne? J'ignore d'où j'arrive comme j'ignore où je vais. Je sais ce que je fais, voilà tout. J'oublie l'ivresse d'hier dans l'ivresse d'aujourd'hui. Que m'importe le passé! Ma vie n'a pas besoin de résurrections.

Mais, en disant cela, elle avait l'air de songer; elle reprit brusquement:

— Tiens, je tâcherai pourtant de te raconter mon histoire, puisque tu en es curieux! Je n'avais jamais cherché à me souvenir; j'essaierai. Tu me donnes ce soir la fantaisie de me connaître moi-même, de me comprendre. Cela me divertira peut-être. J'ai lu d'autres romans; pourquoi le mien ne m'intéresserait-il pas? Un livre qu'on n'oserait pas écrire, sans doute. Enfin, nous verrons. Me voilà curieuse, comme tu l'es. J'aurai des surprises sans doute. Écoute si tu veux; j'écouterai moi.

Elle se coucha sur le tapis, se pelotonna dans les soies vivantes de son peignoir et de sa peau, et resta immobile, à demi tournée, les deux coudes dans des étoffes, le menton sur les poings, tout le visage et le corps enveloppés dans l'abondance de sa fauve chevelure: on eût dit l'une de ces chimériques bêtes des mythologies antiques, moitié chienne, moitié déesse, accroupie dans une niche d'or.

Elle parla lentement d'abord, comme dans une espèce de songe.

— Est-ce que j'ai été enfant? Je ne crois pas. A peine née, déjà femme. Je n'ai jamais joué; je me souviens de rondes puériles qui se dansent en chantant, de cerceaux qui roulent comme de grêles roues, de volants que se renvoient l'une à l'autre les raquettes : je passais à côté des jeux et des rires sans m'y mêler, comme une grande personne qui a d'autres pensées; ce ne devaient pas être des pensées, — des instincts plutôt. Mais, tout absorbée dans l'heure actuelle je distingue mal mon être de jadis de mon être d'à présent. Ma vie me donne l'impression d'une continuité toujours pareille. Il me semble que je n'ai pas eu de commencement. Une arrivée sans réminiscence de départ. J'ai des souvenirs de passages devant des glaces où je m'apparaissais telle que je me vois.

« Je me trompe, c'est certain. J'ai dû être une petite fille. Attends, ne parle point, laisse-moi me chercher, là-bas. Ah! je me retrouve.

« Oui, petite, mais robuste et grasse, avec cette lèvre déjà, et hardie, allant droit aux gens, les regardant bien en face, comme si j'avais espéré quelque chose dans leurs yeux. On s'étonnait. Quelquefois, un visiteur, après m'avoir prise sur ses genoux, souriait d'abord de me voir, lente et câline, me serrer contre lui en renversant la tête et en fermant les yeux comme une chatte caressée ; puis il me repoussait vivement, regardait ma mère, avait l'air de chercher des paroles, se levait, saluait avec un air de gêne, ne m'embrassait pas en sortant. Je devais avoir sept ou huit ans alors.

« Je me tenais dans les coins, tapie, répétant des paroles que j'avais entendues dans les antichambres, dont je ne comprenais pas le sens, mais dont la sonorité m'entrait dans l'oreille comme une liqueur chaude et me grisait ; — ou bien regardant, avec une fixité telle que ma vue se troublait enfin, les tableaux pendus aux murailles : pâles martyrs sans vêtements, étirés sur des croix, jeunes hommes penchés qui tendaient des bras de chair blanche vers des nudités endormies. Ces formes, où j'envoyais ma vie, s'animaient, se tournaient vers moi ; elles aussi prononçaient les paroles mystérieuses qui me mettaient des flammes sous le front et des brûlures aux pommettes ; je me sentais les mains toutes moites ; j'avais des chaleurs partout. Quelquefois je m'élançais, je grimpais sur une chaise, sur un meuble, pour atteindre les vivantes images, et je collais mes lèvres aux bras nus, aux beaux visages, haïssant les peintures de ne pas me rendre mon baiser, égratignant la toile plate qui ne voulait pas se plier à mon enlacement.

« La nuit, des songes. Étaient-ce des songes? Non, des visions vagues, palpables pourtant. Aucun être précis, pareil à ceux qui vivent, mais des approches, des contacts, des caresses. Je m'éveillais, hagarde, des sueurs aux tempes, la bouche saignante sous mes dents, haletante dans l'étreinte de mes propres bras, brisée! On disait : Pauvre petite! elle est somnambule.

« Quand mon père et ma mère, — nous étions très riches, nous habitions à Barcelone un grand palais près de la mer, — quand mon père et ma mère s'en allaient dans quelque voyage, je couchais avec une servante qui était chargée de veiller sur moi. Cette fille avait un amant, qu'elle faisait entrer, le soir, mystérieusement, dans sa chambre. Un garçon aux allures brutales, brun, presque noir, avec une veste où il y avait de l'or brodé dessus. Quelque torero sans doute. Ils soupaient ensemble, en se racontant des histoires ou en s'embrassant; pour s'assurer ma discrétion, ils me faisaient manger et boire avec eux. Je me souviens que cet homme me regardait souvent, à la dérobée, quand sa maîtresse tournait la tête. J'avais neuf ans, je grandissais, plus grasse. Quelquefois aussi, il me prenait la nuque, dans sa main petite, mais rude et velue; les poils durs m'entraient dans la chair comme des pointes d'aiguille; et il me serrait au point de me faire tirer la langue. Alors il disait des choses que je ne comprenais pas, qui devaient être très drôles, car il riait bruyamment; elle riait aussi, moins que lui, — jalouse peut-être. Cependant, il me faisait mal, me serrant de plus en plus. Je me sentais aux yeux des chaleurs de vin et de sang; il me semblait que mes cheveux s'allumaient tout près des racines. Une fureur me prenait. J'aurais voulu sauter sur cet homme, lui enfoncer les ongles dans la gorge, le déchirer, le mordre. Mais je ne me plaignais pas, le regardant en dessous. Et j'aurais voulu aussi qu'il m'étranglât tout à fait. Puis, la servante se levait. « Il est tard! allons, Frascuèla, couche-toi, et dors vite. » Je me déshabillais pendant qu'il lui parlait à l'oreille dans des baisers qui faisaient du bruit.

« Ramassée sur moi-même, du côté de la muraille, dans les draps encore froids, je fermais les yeux. Le lit me paraissait un enveloppement de glace, tant ma peau était chaude, la peau des mains surtout; mes dix doigts écarquillés sur ma poitrine s'y enfonçaient comme des griffes de strige. Mais, bien que j'eusse la fièvre, une fièvre de délire, je me tenais immobile, comprimant mes sursauts à force de me serrer contre moi-même ; et je tâchais, la gorge pleine d'un râle sourd, de respirer doucement, régulièrement, pour qu'on me crût endormie. Oh ! ces nuits ! ces nuits ! L'enfer ne m'étonnera pas, car je l'ai connu ! Un fétu sur la braise, toujours brûlé, jamais consumé, c'était moi ! Du feu aux paupières, du feu aux lèvres, suant de la flamme, prête à hurler, prête à bondir, mais muette et comme cataleptique, les poings aux dents, roidie dans ma volonté ainsi que dans une chemise de fer rouge. Une fois pourtant je criai. « Tiens ! la petite ! dit l'homme, et il m'embrassa, terrifiée. Mais elle lui sauta au visage. Ils se battirent, on accourut aux clameurs. Cette aventure ne resta pas secrète. Quand mes parents revinrent, la servante fut jetée à la porte et l'on me mit dans un couvent.

« Je demeurai longtemps, comme hébétée, entre les grands murs froids, parmi les sœurs rigides, murs aussi. On disait de moi : « L'idiote. » L'air de ne pas penser, pensant toujours. J'eus sur les lèvres, pendant des mois, comme un charbon embrasé, le baiser qui m'avait effleurée, et je le gardai, dévorant, tant que d'autres ne l'eurent pas éteint. J'avais compris ! je savais ! Désormais, ce que je vis, ce que j'entendis, ce qu'on m'enseigna ne servit qu'à étendre, à préciser la science conquise, qu'à exaspérer les rages de l'instinct ! Tout ce qu'on jette au bûcher devient flamme, tout ce qui tombe à l'enfer devient damnation. Je fus prise de la folie de lire et d'apprendre ; peu m'importait l'objet de l'étude, tout livre m'était bon ; car il n'était point de page où surexcitée jusqu'à l'hallucination par l'intensité croissante du désir, je ne découvrisse, éperdue, l'alléchant mystère du péché. Les légendes même des saints m'enivrèrent comme des féeries d'amour ; j'étais la tentatrice échevelée et nue des ermites en prière. Cependant, j'allais par les couloirs et sous les arceaux du cloître, errant comme une bête traquée, avec des gestes qui étonnaient, avec des mots incompris, parfois improvisant des chants et des vers dans des crises de possédée ! On m'avait appelée « l'idiote », on m'appela « la folle ». Une fois que j'étais seule dans la chapelle, les yeux ardemment levés vers l'autel. « Que regardez-vous là ? » me demanda une sœur ; — « Cet homme ! » répondis-je en lui montrant Dieu. Pourtant je n'étais pas impie, — pas encore, du moins. Je remplissais mes devoirs religieux. Je jeûnais, je me confessais, éprouvant je ne sais quels délices à l'aveu de mes désirs, qui en permettait l'expression. « Je suis amoureuse! » dis-je un jour au jeune prêtre qui m'interrogeait. — « Oh! dit-il effrayé, de qui? — De toi! » lui criai-je.

« Nous partîmes ensemble. Comment? Je ne me souviens plus. On escalade des murs, après des portes ouvertes par des tourières bien payées, qui disent : « Jésus Maria! » et regrettent de ne pas vous suivre. Il hésitait, le beau prêtre, avait des remords, craignait l'enfer. C'était moi, petite fille de quatorze ans, qui l'entraînais. Nous courions à travers champs, sous l'ombre bleue. Quand il faiblissait, je me jetais contre lui, frémissante; il reprenait des forces après avoir respiré mes cheveux, comme un ouvrier se remet à la besogne après une lampée de vin. Il y eut une auberge sur la route. On nous demanda : « Deux chambres? » A cause de sa robe. Les brutes! Une seule, puisque j'avais une robe aussi, moi! Il rougissait jusqu'aux yeux, épouvanté du scandale. Nous fûmes seuls. Il y eut une minute douteuse. Il se détournait, s'occupant à fermer les rideaux, s'assurant si la porte avait un verrou. Moi, j'attendais. Pourquoi donc m'avait-il suivie? Oh! cette soutane! Je le pris par le cou, et, sa tête sur ma poitrine, je lui mordis la tonsure, mettant ma marque où l'Église avait mis la sienne. Mais il était craintif, incertain, fuyard. Il lui aurait fallu des pentes douces pour descendre à l'abîme ; j'étais le gouffre abrupt. Je l'effrayais, il m'ennuya. Des mules, avant l'aurore, — car il fallait fuir, — firent tinter, sous la fenêtre, leurs clochettes. Je me rhabillai sans lui parler. L'imbécile ! Un des muletiers, qui me mit en selle, m'enlaça fortement, en me riant sur les lèvres. Il était jeune, beau, robuste ; il ressemblait au torero qui serrait ma nuque dans la chambre de la servante. Le goût du baiser ancien me revint à la bouche comme une plaie qui ressaigne. Je lançai ma bête au galop. Le muletier me suivit : il m'avait comprise. Un homme ! Je voyais, en tournant la tête, le prêtre devant l'auberge, une jambe levée pour mettre le pied dans l'étrier, ébahi, avec un air qui interroge ; puis il s'en alla, à pied, le front entre les mains, vers le cloître, content peut-être, pas même damné.

« Ce fut sur un lit de mousse où les insectes pullulent dans la pluie d'or du ciel, où les feuilles allumées font un brasier de chaudes émeraudes. Je me redressai, victorieuse !

« Maintenant tous mes souvenirs se brouillent, vagues et troublants comme des odeurs mêlées qui montent au cerveau.

« Peut-être, errante d'amours en amours, demandant au hasard d'aujourd'hui la joie du hasard d'hier, mendiante sur les routes avec un beau mendiant, servante dans les auberges où viennent rire et boire de jeunes voyageurs, peut-être, enfin, ai-je attendu, le soir, derrière un arbre, celui qui guettait, dans le fossé de la route, les voyageurs promis? Je me souviens d'une prison, de vieilles murailles qui ressemblaient à celles du couvent, et d'un geôlier, que j'aimais! Libre, je me vois dans un vaste salon trop doré où des fleurs se fanent, où des gouttelettes de jets d'eau pétillent entre des luxes d'étoffes folles, où se pâment des encens comme dans une étrange église. Des femmes, sous un jaune flamboîment de gaz, blanches, rouges, toutes fardées, s'étalaient dans des mousselines ouvertes, ou traînaient dans la longueur des jupes des promesses de draps soyeux. Des hommes venaient; elles riaient, ennuyées. Moi, plus belle, dans moins d'étoffes et dans plus de parfums, offerte mais prenant, acceptant de ne pas choisir, parce que rien n'existait qui ne fût mon désir, transposant le sérail, je m'épanouissais, satisfaite, dans l'accomplissement de ma destinée. Quelqu'un m'emmena, — un saltimbanque qui, riche un soir, était venu. Parmi les gazes des jupes envolées, j'ai joué des castagnettes et dansé sur la corde, m'allumant aux yeux des foules. On m'a vue entrer dans les cages des bêtes, puis, couchée sur un lion, baigner dans sa crinière la chair de mes bras blancs, mettre ma bouche à sa gueule prise à pleines mains, et l'envelopper presque tout entier de ma chevelure, rousse aussi! Des hommes me regardaient, penchés, les yeux chauds, la lèvre mouillée, qui s'avance, et moi, me relevant hors d'un tournoiement exaspéré de fauves, mes cheveux épars sur ma gorge battante, je souriais, toute menacée de baisers et de morsures!

« Je fus riche, je ne sais comment. Le matin, je cherchais mes pots de fard dans des tiroirs où l'on avait mis de l'or. Je passais à travers des fêtes, sous des lustres, dans des salles où de grands miroirs reflétaient parmi des musiques tout un agenouillement de multitude parée, et mon triomphe. Je traversais la ville, étendue sur les satins d'une calèche, rêveuse, parmi des secouements de grelots et des panaches de majordomes. Mon amant, je crois, était je ne sais quel ministre; je m'égratignais la joue aux plaques de ses ordres. Alors, connaissant la force d'être belle, je consentis, une heure, à l'orgueil. J'eus des poètes qui me célébrèrent sans oser me comprendre, les lâches âmes! et moi-même je me chantai dans un glorieux poème, pareil à ceux où les grands débauchés d'Italie exaltaient la magnificence du rut et que les peintres chrétiens imageaient de sexualités géantes! Le libraire fut envoyé en prison. Cependant, toujours pareille à moi seule, je faisais aux plus humbles largesse de ma beauté rayonnante et publique comme le soleil; et, sortant de mon palais, j'avais des paradis dans des bouges! Parce qu'il avait enfoncé son épée jusqu'à la garde et du premier coup dans le cuir du taureau, je m'épris, à Madrid, de la Prima Spada. C'était un fier garçon, qui avait été au bagne, et s'en était évadé. Il me battait quand il était ivre; je lui versais à boire, le trouvant plus beau dans la colère. Il allait quitter Madrid; je lui dis : « Emmène-moi. » Nous partîmes avec ses compagnons, jeunes, forts, superbes, brutaux et beaux comme lui. Seule entre eux, j'errais de ville en ville, et, dans les cirques, je me tenais au premier rang, penchée, haletante, les yeux brûlés du soleil qui pétillait dans la dorure de leurs vestes. Ces tueurs de bêtes aiment bien les femmes. J'étais leur passion et leur querelle. L'un d'eux, pour moi, en assassina un autre, d'un seul coup derrière la tête, comme il eût tué le taureau; et moi, insultée, battue, adorée, je m'enivrais, le soir, dans tous les verres, je changeais de lit dans les hôtelleries ! Un matin, celui, qui m'avait emmenée, m'emporta d'une chambre sur la route, et, me tirant par les cheveux, me jeta dans un fossé.

« Quand je me relevai, la gorge et les joues égratignées de cailloux, ayant aux lèvres un goût amer, sans doute à cause des vertes herbes mordues, l'auberge, à ma gauche, était silencieuse. Les toreros devaient être partis, me croyant morte peut-être. Je méprisai la route par où ils s'étaient enfuis, et détestai le lit de pierres et de plantes où l'on m'avait laissée évanouie, et seule.

« De grands murs, noirs et durs, rectangulaires, se haussaient à ma droite, et, au delà, des pentes rouges, bleuâtres, grises, qui étaient des toitures, heurtaient leurs inclinaisons dans un fourmillement immobile d'où s'élançaient çà et là des pointes de clochers tintants.

« Je me souvins : c'était Pampelune. J'allai de ce côté.

« Je tenais à pleines mains les loques de ma chemise déchirée, d'où traînaient sur le chemin des passementeries de vestes, qui s'étaient, dans la lutte, accrochées à la baptiste. L'air frais du matin m'enveloppait, glissant, mouillant ma peau de rosées qui séchaient tout de suite.

J'allais, honteuse d'être vue ainsi par toute la lumière? non, contente d'être nue en plein soleil, comme les lys!

« A l'angle de la première rue, qui ressemblait à une route dans un champ parmi des maisonnettes, une fenêtre s'ouvrit, au rez-de-chaussée; un jeune homme s'accouda, en manches de chemises, respirant la matinée; je voyais derrière lui l'oreiller d'un petit lit aux couvertures pendantes. Il me regarda, étonné, presque effrayé. « Oh! dit-il, où allez-vous? » Je lui répondis : « Chez toi. » J'ai su depuis qu'il s'appelait don Tello.

« Pampelune, ou une autre ville, peu m'importait. Les bêtes marines n'ont pas souci du nom des océans, il leur suffit qu'ils soient des flots; toute cité m'était bonne, étant une foule.

« J'achetai cette masure; ce pauvre don Tello avait brisé la tire-lire sonnante des réaux que lui avait donnés sa mère; et je pendis aux murs des loques écarlates parce que je suis une espèce de génisse farouche que le rouge divertit.

« La ville s'effara. Il y eut des chuchotements d'abord, avec des regards qui se détournent. Des doigts me montraient, pendant que les jeunes gens se parlaient à l'oreille; puis, les gestes, sous mon regard direct, se rétractaient dans une indifférence immobile, qui avait envie pourtant, mais qui avait peur. Je me rapprochai, avec mon rouge rire, comme disant : « Eh bien ? » Une fois, impudente, je baisai don Tello sur la bouche en pleine foule. « Voyez ! » Les plus hardis se hasardèrent ; je m'éloignai, suivie, de loin encore. Je sentais des prolongements de souffles venir vers mes cheveux ; le frisson de ma robe traînante faisait comme une pente douce où glissaient les luxures. Des passants virent que ma porte restait entr'ouverte, le soir, entre les fenêtres allumées. Alors ce bâillement, au fond duquel, accroupie, je guettais et attendais, mystérieuse araignée parmi la toile d'or de mes cheveux, fut l'inquiétude de tout un peuple ; on savait que j'étais là, avec le vertige béant de ma volonté qui maîtrise et possède de loin ; on sentait, même en fuyant, l'attirance de l'étroite ouverture où convergeaient de toutes parts les désirs et les épouvantes ; et la ville se fit plus silencieuse, plus morne, comme déserte ; rentrées, enfermements, disparitions ; pareille à tout un bois où les oiseaux se cachent et se taisent parce qu'une gueule de couleuvre bâille sous la broussaille.

« Un homme se jeta ! je l'avais déjà saisi. En se retirant, le lendemain, par un chaud midi d'été, il frissonnait, trouvant l'air froid et le soleil glacé. Et la ville m'appartint. Oui, toutes les mouches furent prises dans la toile d'or. Ils m'apportèrent, heureux et ravis, ces hommes, leurs cœurs, leur sang, leur vie, et j'ai ruiné les plus riches pour enrichir les plus pauvres. Conquérante insatiable, je me suis approprié les âmes et les sens d'une multitude ; je la tiens vaincue et pantelante sous la rage despotique de mon baiser. Je suis reine, même des révoltes, et, même absente, je suis là. Le marchand, dans la monnaie d'or qu'il compte, reconnaît la rougeur fauve de mes cheveux ; l'artisan se souvient de mes bras quand le fer plie entre les mâchoires de l'étau et mes yeux, qui ne se troublent jamais, sourient aux écoliers dans l'azur pur des matinées ! Certes l'on me hait et l'on me méprise autant que l'on m'adore ; je triomphe, abominable ! Mais de quel droit me haïssent-ils, puisque je suis leur joie ? Qui leur a permis de détester leur ivresse ? Ah ! c'est vrai, les épouses se lamentent et les jeunes filles aussi. Eh bien ! je ris, moi, avec toutes mes dents blanches de bête satisfaite ! La force du rire me fut donnée, comme à elles la faiblesse des larmes. Où est mon crime ? La Frascuèla se prostitue comme d'autres se refusent, par une volonté qu'on ignore. Puisque la flamme est en moi, je consume. Ne comprend-on pas que je me brûle aussi, moi-même ? Je suis la maison incendiée où s'allume la ville. Qui a mis le feu? Tout être suit sa loi, qu'il n'a pas choisie. Le tigre mord, l'oiseau becquète; est-ce que le ramage a des reproches à faire au rugissement? Je suis celle que je suis, vous dis-je! et si j'épouvante, ce n'est pas à cause du danger qui est en moi, mais de la lâcheté qui est en vous. Ah! je l'ai cru souvent, j'aurais valu de vivre sous d'autres cieux, en d'autres âges, puisque je hais l'hypocrisie de vos pudeurs et de vos vêtements, puisque j'ai le superbe devoir d'être amoureuse et d'être nue! Au temps où la Beauté sortait de la mer, elle pouvait se jeter dans la foule; et moi, infâme à présent, j'aurais été alors, dans les temples où l'on s'agenouille sans baisser les regards, l'auguste Vénus Pandémie, femelle universelle des hommes et des dieux! »

La Frascuèla se tut, haletante, du sang aux lèvres, aux narines, aux joues, et, debout, dans un écartement furieux d'étoffes, chancelant vers Brascassou avec des gestes vagues, qui cherchent des appuis, elle semblait comme soûle de son orgueilleuse ignominie.

Des heures s'écoulèrent. La flamme des bougies se fit pâle, l'aurore ensanglanta sur le lit d'étoffes la crinière éparse et le grand corps nu, tout ramassé, de la Frascuèla qui dormait avec un souffle fort son sommeil de lionne repue.

Elle s'éveilla à cause du jour, ou à cause d'un bruit; et, ouvrant à demi les yeux, bâillant, elle s'étira sous sa chevelure dont les ondes soulevées glissèrent en ruisseaux, dans l'écartement des doigts.

Brascassou n'était plus à côté d'elle. Elle regarda vaguement par la chambre; elle le vit près de la fenêtre, rhabillé, courbant le dos, faisant aller et venir l'un de ses bras le long d'une jupe accrochée à l'espagnolette.

— Viens! dit-elle d'une voix encore lourde et un peu grasse de sommeil.

— Je brosse ta robe. Elle était toute pleine de poussière. Tu n'as pas de soin.

— Comment?

— Moi, j'ai de l'ordre. Regarde. J'ai tout rangé ici. Ça manque de meubles; j'ai fait des espèces de fauteuils avec les coussins. Les vitres sont propres, hein? On souffle dessus, et puis on frotte avec un linge très sec; quand on a du blanc d'Espagne, c'est plus vite fait. Ah! dis donc, une autre fois, il faudra souffler les bougies avant de s'endormir; les bobèches ont éclaté, et il y avait des taches de cire sur le tapis; c'est joliment long à enlever.

— Quoi? fit-elle.

— Très long. Mais parlons peu, parlons bien. Tu as un panier ?

— Un panier ?

— Oui.

— Je ne sais pas, c'est possible. Pourquoi?

— Pour aller au marché. Est-ce qu'on ne mange pas chez toi ?

— Oh! si. Les gens qui viennent apportent des vins, du gibier, des fruits.

— Mauvaise nourriture. Drogailles de restaurant. Ça gâte l'estomac. Parlez-moi d'un bon petit fricot qu'on a fait mijoter soi-même sur les cendres chaudes. Tu t'en lécheras les doigts! Où est le panier?

— Dans l'autre pièce, je pense.

Il sortit et revint, un panier de ménagère au bras. Elle était assise, nue, tous les cheveux tombants; elle lui dit :

— Tu es donc mon domestique?

— Ça te gêne?

— Non, cela m'est égal. Comme tu voudras. Tu es drôle.

— Eh! bien, ton domestique. Est-ce que tu as à sortir, ce matin ?

— Non.

— Je t'aurais coiffée.

— Tu sais coiffer?

— Tu verras! tu verras! Allons, je vais faire

les provisions. Tu n'as pas d'argent? Ça ne fait rien. J'avancerai ce qu'il faudra. J'aurai un petit livre pour marquer les dépenses. Je te présenterai ma note quand tu seras en fonds. Je ne te tracasserai pas souvent, va!

Là-dessus, il s'en alla vers la porte, rapide, affairé, tatillon, l'air d'une servante qui ne perd pas son temps.

— A propos, dit-il en s'éloignant, si tu étais obligée de sortir tout de même, tu trouverais tes bottines sur la planche, dans l'autre chambre. J'ai ciré les bouts, et j'ai remis trois boutons qui manquaient.

Brascassou, gredin subtil, avait son idée. Certes la Frascuèla l'avait déconcerté par ses extravagants et farouches discours, d'abord et par d'autres choses, ensuite. « Oh! oh! qu'est-ce que c'était que cette femme-là! Il n'avait jamais rien vu de pareil, millo dious! » Et cela le gênait que cette fille fût déesse. Mais, quoique effarouché, il avait fini par entrevoir que la Frascuèla, avec sa beauté triomphale et ses implacables ardeurs, était une créature magnifiquement monstrueuse, inquiétante pour lui, chétif, mais capable d'affoler d'autres hommes. Il avait découvert une force désordonnée, excessive, qui pouvait être mise en usage. De là vingt combinaisons. La vapeur rompt les chaudières closes; mais, bien employée, elle entraîne les wagons. Brascassou songeait que cette vapeur-là pouvait faire tourner la roue de sa fortune. Il voyait la Frascuèla, lâchée en apparence, mais retenue et guidée par lui, se précipiter à travers le monde, hardie et chaleureuse, se donnant, se refusant aussi, — il la déciderait à cela, — et toujours, possédée ou désirée, allumant les âmes, les cœurs, les corps ! Dans les ruines de tant d'incendies, il trouverait bien, lui Brascassou, qui ne perdrait pas la tête, de quoi amasser quelque petite épargne, dont il irait vivre honnêtement, sur ses vieux jours, à la campagne, près d'une rivière où il pêcherait à la ligne. Tout en formant ces projets, il achetait des tomates et des piments doux, qui, cuits à point dans l'huile, autour d'une tranche de veau bien dorée, feraient un ragoût délicat, il était fort gourmand de ces petits plats de ménage.

Huit jours plus tard ils quittèrent Pampelune. Il l'emmenait ; elle se laissait faire. Que lui importait d'être ici ou ailleurs ? Puis, elle commençait à obéir, parce qu'il avait l'air si obéissant. A force de petits services, il se rendait aimable ; et elle le trouvait très drôle, toujours. C'était le lion qui prend l'habitude d'avoir un roquet dans sa cage. Drôle et utile. Elle n'avait jamais aimé à être servie par des femmes. Cela lui plaisait qu'un homme mît les meubles en place, balayât les tapis pendant qu'à demi levée elle chaussait ses pantoufles; qu'il lui apportât son peignoir et lui peignât les cheveux, en les trouvant beaux. Car la domesticité de Brascassou se compliquait de galanterie. Il fut indispensable. Quand il n'était pas là, elle était toute en peine, incapable de trouver les choses dont elle avait besoin; il lui arriva de dire un jour : « Vraiment, je ne sais pas comment je ferais sans Brascassou! » Du reste, il ne la gênait en aucune façon, se retirait à propos, le soir, ou à d'autres heures. Allant de ville en ville, se jetant au cou des aventures, aimant partout, partout aimée, elle put se croire libre comme par le passé. En réalité, elle devenait esclave. Il rôdait si obstinément autour d'elle, attentif, avec des soins, avec des sourires, mais rapprochant de plus en plus le cercle de l'enveloppement, qu'elle fut prisonnière enfin, tout à fait, sans s'en être aperçue. C'était, d'ordinaire, un esprit peu lucide, troublé par la griserie montante du désir, une lueur parmi de la fumée; et, dans les rares instants de farouche enthousiasme, où, abondant en paroles, elle se haussait jusqu'à la vision grandiose d'elle-même, elle était trop violente, trop directe, trop absorbée par une pensée unique pour démêler les ruses et pour s'en dépêtrer. D'ailleurs, elle redescendait vite dans sa chaude inertie de grande bête lente qui s'étire, — les sens toujours en émoi, l'âme fainéante. Elle se laissa donc prendre, bonnement. Lui, dès qu'il fut sûr de la bien tenir, il affirma brutalement son triomphe : comme un ennemi qui s'est introduit, de nuit, par quelque issue secrète, dans une forteresse, se dévoile tout à coup et plante son drapeau. Il avait souri, familier, obséquieux ; il eut des regards durs, qui maîtrisent. Il avait flatté, cajolé, prié, il ordonna avec des paroles tyranniques. Il lui disait : « Je te permets », ou « je te défends ». Il choisissait pour elle. « Pas celui-là. — Pourquoi ? — Parce qu'il est pauvre. » Plus souvent il ne donnait pas de raison. « Je le veux. » Rien de de plus. Elle se tournait vers ceux qu'il lui désignait. Magnifique et puissante, elle obéissait à ce petit homme, allait, venait, faisait ceci, ne faisait pas cela, comme un éléphant pincé à l'oreille. Elle eut des révoltes ; il la battit. Plus forte que lui, elle aurait pu l'étrangler d'une seule main, ou, d'un coup de poing, lui enfoncer les côtes ; elle se détournait pour recevoir les dures bourrées dans le dos, où elles lui faisaient moins de mal, restait courbée, ne bougeait plus, complaisante, inerte, comme retenue par sa pesanteur. Quelquefois, après lui avoir ensanglanté les reins, il était de bonne humeur tout à coup, l'appelait « trésor », et lui faisait risette avec sa petite bouche de vipère. Elle était très contente.

Cependant les affaires n'allaient pas au gré de Brascassou. Il avait dompté la vapeur; mais la roue de la fortune tournait très lentement encore. Des bacheliers sans avoir, des marchands avares, des rentiers obérés, c'est ce qu'on trouve dans les petites villes du nord de l'Espagne, Bilbao, Tolosa, Burgos. L'argent manquait pour se produire avec éclat dans les grandes cités libertines et riches. Il y eut un hasard heureux. Un soir que Brascassou la battait plus rudement que de coutume, la Frascuèla poussa un cri aigu, prolongé, retentissant. « Biédaze! tu as de la voix! » dit-il. Il la fit chanter, bien qu'elle pleurât. Une voix magnifique en effet qui, des notes profondes des contralti montait aux accents éperdus des soprani les plus élevés. Brascassou dit : « J'aurai des rentes. »

Il l'emmena en France, à Toulouse, où le scandale du bal Bathylle devait être oublié depuis longtemps; car plusieurs années s'étaient écoulées. La Frascuèla, se laissant faire, eût des maîtres, suivit les cours du Conservatoire, s'ennuya d'abord de ses études. Mais le démon

des sons la saisit aux entrailles. La volupté des
mélodies l'enlaçait comme des bras vivants ;
elle se pâmait parmi le bercement des harmonies. Elle se jeta dans la musique comme dans
un lit de chaudes luxures, et, furieuse artiste
toute imbue des ardeurs de la femme, elle fut
la prostituée frénétique de l'art. Brascassou
disait en se frottant les mains : « Ce sera
extraordinaire ! » Pourtant, de quoi vivaient-ils ?
Comment subvenait-il aux dépenses de cette
éducation musicale ? Il avait installé un tripot
dans une petite maison de campagne, sur le
chemin de la Colonne. Des étudiants y venaient
jouer et perdre. De là quelques sommes. Aucun
autre profit. Car Brascassou, maintenant, veillait
avec des soins austères sur la conduite de la
Frascuèla. Une mère n'eût pas été plus rigide.
« A cause de ta voix, millo dious ! » Enfin,
quand elle n'eut plus rien à apprendre, quand
il fut certain qu'elle était une grande artiste,
il la fit apparaître, soudainement ! Il la « lâcha »,
comme il disait. Elle chanta au théâtre du Capitole — sous le nom de Gloriane, qu'il avait
inventé poure lle, — fut acclamée, admirée, adorée ; partit pour l'Italie, fit fureur à Boulogne,
à Venise, à Florence, — sous le nom de Gloriani, qu'il lui avait imposé, trouvant jolie cette
sonorité italienne et romantique ; et, dès lors,

ils voyagèrent de capitale en capitale, de Turin à Berlin, de Vienne à Madrid; elle, éperdue, toute chauffée chaque soir par les yeux embrasés des hommes, se livrant tout entière, possédée et possédant; lui, satisfait, mais adroit, ne perdant pas la tête, traitant avec les directeurs et les entremetteuses, riche sans doute, — domestique et maître toujours, la coiffant et la battant, jusqu'au jour enfin où Gloriane Gloriani, illustre déjà, débuta au théâtre des Italiens dans la *Cortigiàna* de Vercelli, et, grasse, blanche, aux énormes cheveux roux, fut sublime, à peine habillée de la double robe de satin vert de mer et de tulle que la reine avait portée, l'avant-veille, au bal de la maison Pompéïenne.

VI

Au dernier acte, elle fut absurde. Elle s'accommodait mal, elle, si vivante, de gémir et de mourir, même sur un air de polka-mazurke. Sa gorge soulevée démentait impudemment la phtisie; ses soupirs étaient des roucoulements; ses plaintes râlaient d'amour. Quelques-uns faillirent la chuter, puis tous l'acclamèrent, furieusement, — à l'exception de quelques femmes qui se mordaient les lèvres derrière les marabouts de l'éventail. Elle était devant un public qui comprend vite. Certes, ce rôle élégiaque n'était pas ce qui lui fallait; elle crevait ce linceul et montrait la vie par les trous; courtisane, oui, expirante, non pas; et bien! il fallait la prendre comme elle était. La prendre, c'était le mot, car elle s'offrait. De là un succès d'une espèce particulière; on tendait les bras pour saisir la femme, plutôt que pour applaudir l'artiste; des élans d'étreintes, qui s'achevaient en claquements de mains. La ressemblance avec la reine fut aussi une cause d'émotion; ressemblance assez vague, sans doute, mais qu'avait précisée la robe du premier acte. Une témérité, cette robe! N'importe, c'était « amusant ». Une souveraine qui chante des cavatines, on ne ne voit pas cela tous les jours. Il était malheureux que Gloriane n'eût pas joué en costume de page; on aurait aimé à voir une Majesté en maillot. Plus d'un spectateur, troublé par l'amour des grandeurs ne fût-ce qu'en effigie, entrevit la possibilité d'être roi pendant quelques heures. En somme, douze rappels. Un énorme bouquet, celui de Mme de Soïnoff. Puis, derrière la toile retombée, Gloriane, soufflante et suante, et raffraîchissant son visage dans la chair parfumée des fleurs, se vit environnée par des abonnés du théâtre qui étaient venus sur la scène, selon leur privilège. Des vieux, des jeunes, presque tous décorés, corrects, parfaits, en habit noir, le gilet très ouvert. Cette tenue était de tradition dans ces coulisses mondaines; d'ailleurs, il y avait bal à l'Opéra, précisément. Elle se sentit toute pressée d'une approche grossissante de saluts, toute chatouillée de murmures complimenteurs que perçait par instants une exclamation enthousiaste. Quelques dilettantes, la tête penchée avec un sourire niais, l'applaudissaient sans bruit, tout près d'elle, presque sous son menton, de sorte que l'une des mains lui touchait souvent la peau de la poitrine, par petits coups. Superbe et comme grandie, sa gorge de neige chaude, enflée par de puissantes aspirations, elle s'épanouissait, extasiée, et, les narines battantes, riait silencieusement de son beau rire rouge. Enfin, elle s'en alla, brutale, dans un bruit de soie cassée, laissant traîner ses bras nus parmi les manches d'hommes, sentit avec délices l'air froid des couloirs lui piquer les épaules, entra violemment dans sa loge, courut vers la glace, et, toute frémissante, baisa sur le miroir, qu'estompait une vague buée, le reflet sanglant de ses lèvres.

— Tiens ! vous êtes là, vous ? dit-elle.

— Oui, répondit le directeur, assis derrière Gloriane, à côté d'un guéridon, la main gauche sur une feuille déployée où l'on voyait des lignes imprimées et des lignes manuscrites, et la main droite jouant avec une plume fraîchement trempée d'encre.

Cet impresario, qui se nommait M. Chaudurier, bien que les ténors italiens qui parlent avec l'accent marseillais, s'obstinassent à l'appeler « il signor Chauduriero », était un très vieux petit homme, au front fuyant, aux yeux ronds comme des billes, au nez pointu, — presque sans lèvres, la peau d'un rose sale, le menton gris d'une dure barbe rase. Grêle, malingre, se mouvant par sursauts brusques, il avait l'air d'un automate détraqué, et comme il s'exprimait d'ordinaire en petites phrases soudaines, rapides, courtes, accompagnées de brèves commotions, on eût dit que le ressort des gestes faisait aussi jaillir les paroles. On remarquait tout de suite la rêverie bête de ses yeux et la ruse aiguë de son nez. En effet, c'était un imbécile, qui était en même temps un finaud. Il arrivait à perdre de l'argent, par mille petits moyens ingénieux. Subtil, sournois, fripon au besoin, il était maladroit comme un honnête homme; il se ruinait avec l'intention de ruiner les autres. Maintenant, de faillite en faillite, il a dégringolé dans une espèce de misère qui ne fait pas pitié; c'est lui qui a pu dire à sa femme, en lui offrant comme cadeau de nouvelle année un joli poignard de théâtre, dernier reste de brillants accessoires de jadis : « Tu sais, il me coûte huit cent mille francs! » Mais, en ce temps-là, sa déconfiture n'était pas achevée; déjà la dette, pas encore la banqueroute; et sa malice était toute employée à retarder d'un mois, d'un jour, d'une heure, l'inévitable catastrophe. Jamais personne autant que lui n'a excellé à refuser une somme due, même quand sa caisse par hasard était pleine. Comme débiteur, il eut du génie. Il savait être doucereux, insinuant, plaintif, vous pousser vers la porte en vous caressant l'épaule. Pourtant M. Chaudurier eut des mésaventures. Quelques artistes italiens ont la créance brutale. Une prima-done, un jour, l'appela « vilain singe » et le roua de coups d'ombrelle. Il fut stoïque. Être battu ? soit ; mais payer ? jamais. Il se borna à lever au ciel ses yeux bêtes, comme pour le prendre à témoin de sa bonne foi, — tout en se moquant, du bout du nez.

Il dit à Gloriane :

— Compliments. Compliments sincères. Très grand talent. Une belle voix. Du feu. Je vous engage si vous voulez. L'acte est là, vous n'avez qu'à signer. Je vous fais des conditions exceptionnelles. Voyez, trente-six mille francs pour trois mois. Je ne donnais pas autant à la Trebelli. Je me ruine ! continua-t-il en élevant un regard triste comme un soupir. Mais, que voulez-vous ? on ne se refait pas. Je suis un artiste, non un directeur. Et personne ne me rend justice. Trente-six mille francs, mon Dieu ! Enfin, signons.

— Oui, dit-elle, je veux bien.

Elle ne s'occupait presque jamais des engagements; c'était Brascassou que ces choses regardaient d'ordinaire. Elle n'aurait pas su; elle s'inquiétait bien de cela ! Mais enfin, trente-six mille francs, ce devait être assez. Elle se leva, et M. Chaudurier lui tendit la plume en faisant de vains efforts pour empêcher de remuer la pointe de son petit nez rose.

Brascassou entrait.

Il s'élança, saisit la plume et la jeta au visage du directeur.

M. Chaudurier eut au-dessus de la lèvre une petite tache noire, pareille à une mouche de soubrette. D'ailleurs, il ne s'émut point et se contenta d'écarquiller ses gros yeux innocents.

— Biédase ! cria Brascassou, j'arrive à temps !

— Monsieur...

— Vous êtes un vieux farceur !

— Oh !

— Vous profitiez d'un moment où je n'étais pas là, pour entortiller Gloriane.

— Oh ! gémit encore l'impresario, l'âme dans les yeux et les yeux au plafond !

— Pour lui faire signer un engagement désastreux.

— Mais j'offre douze mille francs par mois !

— Vieillard ! pour qui nous prends-tu ?

— Je ferai un effort. J'irai jusqu'à quinze mille.

— Grigou!

— Seize mille!

— Juif!

— Dix-huit mille!

— Canaille!

— Vous voulez ma ruine! j'irai jusqu'à...

— Inutile!

— J'irai...

— A tous les diables! dit Brascassou en le prenant par les épaules.

Et il le poussa dans le corridor.

Gloriane, paisiblement, s'était assise devant la table de toilette, qui avait une housse de mousseline, doublée de percaline bleue; et, d'un coin de serviette graissée de cold-cream, elle retirait son fard déjà décollé par la sueur.

— Qu'as-tu donc, ce soir? dit-elle en tournant un peu la tête.

Il la prit par le menton, et la fit se mirer dans la glace.

— Qu'est-ce que c'est que ce visage-là? dit-il.

— Dame! le mien.

— Non. Celui de la reine.

— Ah! fit-elle.

— Et le costume que tu as mis pour le premier acte?

— Eh bien! une robe qui s'est trouvée là, par hasard.

— Non. La robe de la reine.

Elle le regarda, étonnée.

— Et l'on croit que je donnerai pour douze mille francs, pour quinze mille, pour seize mille, pour dix-huit mille francs par mois, une femme dont la ressemblance se coiffe d'une couronne et s'assied sur un trône, une femme à qui l'on envoie, sur le dos d'un domestique galonné d'or, une toilette dont on parle dans le journal officiel du royaume? Plus souvent !

Il allait et venait, sautillant, les lèvres remuantes comme des babines de macaques, des pétillements dans les yeux.

— J'ai bien réfléchi, toute la soirée, pendant que tu chantais. Je ne comprends pas, mais je crois que je devine. On t'a habillée, — pour te déshabiller. Millo dious ! la femme d'un roi qui retire sa jupe, ça vaut cher! Enfin je te dis qu'il se prépare quelque chose d'extraordinaire. Ce que ce sera, je ne le vois pas bien. Mais je sens, autour de nous, des intrigues, des intérêts. Nous sommes des gens dont on a besoin. Il doit y avoir là-dedans de l'amour, et de la politique. Veille au grain, Brascassou ! Pas d'imprudence, mon fils. Ce qui t'arrive, c'est la fortune. Oh ! oh ! dit-il, en s'arrêtant court, je parie que c'est elle qui frappe à la porte !

En effet, on avait heurté à la porte de la loge. Un seul coup, léger, discret.

— Entrez! dit Brascassou.

Le prince Flédro-Schèmyl parut. Un peu hautain, presque froid, avec un air de complaisance pourtant, — irréprochable du binocle aux bottines, — il avait ces grandes manières qu'il savait prendre avec les petites gens.

— Mme Gloriane Gloriani? demanda-t-il dans un salut parfait.

Brascassou dit :
— C'est moi.
— Ah! vous êtes plaisant, Monsieur?
— Très sérieux. Quand on vient parler d'affaires à Mme Gloriani, c'est à moi que l'on s'adresse. Informez-vous.

Gloriane fit un signe qui voulait dire oui.

— Or, puisque nous n'avons pas l'honneur de vous connaître, continua Brascassou, c'est une affaire qui vous amène, évidemment.

Ceci gêna le prince Flédro. Il avait eu l'espérance d'un entretien futile et galant avec la belle prima-done, dans la loge parfumée de fard. Puis il aimait les causeries diplomatiques, éparses, errantes génieuses aussi, qui n'arrivent au but qu'après de fins détours. Ce petit homme qui s'immisçait, direct, presque brutal, lui était importun, le troubla. Mais le prince n'avait pas de temps à perdre. Il répondit sèchement :

— Oui, une affaire.

— Très bien. Gloriane, va-t'en.

Elle se leva, obéissante.

Brascassou décrocha une pelisse fourrée, la lui mit sur les épaules, en lui disant à l'oreille :

— Ça se corse. Va m'attendre au foyer des artistes. Il y a encore du monde ; tiens-toi sur tes gardes ; on ne t'aime guère. Dame, tu comprends, tu as réussi. J'ai traversé le foyer tout à l'heure ; on en disait de belles ! Défie-toi surtout de la grosse Persano. Elle a des moustaches ; ça lui a gâté le caractère. Si elle te parle de la robe, fais la bête. Ah ! tu verras aussi Signol, le ténor, un brun. Il n'est pas du théâtre, mais il est venu ce soir, par curiosité, à cause de tes débuts. Il te fera des yeux de truite hors de l'eau, en se caressant la barbe. Ça lui réussit dans le monde. Je le connais. Il était garçon de restaurant du temps que j'étais décrotteur. Rien à faire avec Signol ! plus malin que moi. Si tu t'amouraches de lui, je te casse les reins. Maintenant, file.

Comme elle s'éloignait, le prince fit un pas en avant, avec l'air de vouloir la retenir ; mais elle désigna Brascassou, d'un geste qui souleva la pelisse, et sortit sans une parole. Allons, cette espèce de reine avait cette espèce de singe pour premier ministre ; il fallait se résigner à cette fâcheuse entremise.

A peine seuls, le factotum offrit très vivement une chaise au visiteur, s'assit lui-même, et, un peu penché, les mains aux genoux, en avançant son museau de fouine et en clignant ses petits yeux tout luisants de curiosité :

— Monsieur, dit-il, j'ai l'honneur d'être le coiffeur de Gloriane, et son ami, son seul ami. Me ferez-vous la grâce de m'apprendre à qui j'ai l'avantage de parler?

Quoique homme d'esprit, le prince avait, comme un sot, beaucoup de petites vanités. Il se nomma, avec une négligence trop affectée, en retirant et en remettant son lorgnon; il ajouta même — ceci était de très mauvais goût, à moins qu'il n'eût l'intention de brusquer les choses — qu'il était l'ami de Frédérick II, roi de Thuringe.

Brascassou fut ravi. Pourtant, tout enorgueilli déjà de vagues espérances, il se sentit piqué par l'accent de dédain qu'avait cet ami d'un roi. Il fut sur le point de demander : « Et son coiffeur? » Mais, prévoyant quelque magnifique aventure, il se contint, et borna sa vengeance à reprendre avec une intention de revanche.

— Que puis-je pour votre service, monsieur?

Le prince était de plus en plus mécontent. Décidément, il lui serait malaisé de se montrer brillant et subtil, étant donné un questionneur précis comme l'était Brascassou. En outre, il ne se souciait guère d'éblouir un aussi médiocre personnage. Une seule ressource s'offrait : prendre le ton d'un grand seigneur qui parle à un domestique. Cela aurait encore bon air, et serait concordant à la situation respective des deux interlocuteurs. Il dit rapidement, comme quelqu'un qui ordonne :

— Monsieur, nous partons demain pour Nonnenbourg.

Brascassou, s'attendant à tout, ne devait s'étonner de rien.

— Partons, dit-il. Pour Nonnenbourg, en Thuringe?

— En Thuringe.

— Vous avez dit : Nous?

— La Gloriani et moi.

— Et moi.

— S'il plaît à Madame Gloriane.

— Il lui plaît. Mais que diable allons-nous faire à Nonnenbourg?

— Je vais être nommé surintendant des théâtres, et je monterai *Floris et Blancheflor*.

— De Hans Hammer?

— Précisément.

— Fichu opéra! Pas de mélodies, rien que des récitatifs. Toujours la grosse caisse et les cuivres, comme à la foire.

— Ne parlons pas musique, monsieur! La Gloriani débutera dans le rôle de Blancheflor.

— Il s'agit donc d'un engagement?

— Sans doute.

— Millo dious! sacra Brascassou.

Il s'était levé : il faisait une laide grimace. Du haut de je ne sais quels rêves, il retombait dans une réalité mesquine. Un engagement? rien de plus? et à l'étranger! presque en province. Pour chanter une musique enragée, qui casse la voix. Ah! bien non, par exemple. Avec ça qu'ils en manquaient, d'engagements! Cet espèce de grand seigneur, qui n'était qu'un directeur de théâtre, aurait bien fait de ne pas se déranger et de ne pas déranger les autres.

Le prince Flédro reprit en se levant à son tour :

— Pour les conditions, je m'en rapporte à vous ; c'est donc affaire conclue. Vous logez au Grand-Hôtel, je crois? Demain matin, je viendrai prendre la Gloriani. Nous partons par l'express de neuf heures quarante.

— Plus souvent! dit Brascassou.

— Hein? vous refusez?

— Tout net.

Le prince réussit tant bien que mal à cacher son désappointement.

— Je parlerai à la Gloriani elle-même.

— J'ai dit non! ça suffit.

— Et c'est votre dernier mot?

— J'en ajoute un : bonsoir.

— Fort bien! monsieur Brascassou, dit le prince avec un haussement d'épaules.

Il s'approcha de la porte et salua de la main, à peine. Il allait sortir. Mais non, il s'arrêta, et il dit avec un sourire, en laissant tomber son lorgnon :

— Ah! ça, mon cher, vous n'avez donc jamais entendu parler de Mona Kharis?

— Mona Kharis? répéta Brascassou, dont les yeux s'allumèrent.

Je crois bien qu'il avait entendu parler d'elle! Qui donc ne connaissait pas la légende de cette prodigieuse créature, venue l'on ne sait d'où, fille d'une gitana de Séville, ou d'une pauvresse de Montross, ou d'une bayadère de Calcutta, servante d'abord, et fille publique, danseuse bientôt, chanteuse aussi, qui, avare comme une courtisane, hardie comme un jeune homme, séduisante comme une fée, avait traversé l'Europe en ruinant les millionnaires, en souffletant les gendarmes et en charmant les poètes, dans un éblouissement de jupe pailletée lancée au ciel d'un coup de pied, et dans un bruit de castagnettes d'or ; qui, plus tard, espèce de chevalière d'Eon transformée en Pompadour, presque reine à cause d'un roi qui s'agenouillait devant elle en récitant des sonnets tendres, mais toujours ballerine, dansait, à demi déshabillée, la cachucha autour du trône, et, toute nue, le fandago sur la table du conseil des ministres, puis, haïe et adorée, triomphante, et jetant à travers la politique son aventure d'amour, refoula les émeutes à grands coups de cravache et chassa les jésuites à petits coups d'éventail !

Mais pourquoi diantre le prince avait-il prononcé le nom de Mona Kharis morte à présent, et de qui l'on ne parlait plus? Millo dious ! Brascassou comprit. C'était Frédérick Ier, de Thuringe, grand-père du roi actuel, qui avait été l'amant de l'illustre danseuse ; au nouveau Frédérick, on voulait donner une nouvelle Mona Kharis, et l'on avait fait choix de Gloriane Gloriani. Biédase ! l'on tombait bien. Oui, oui, c'était cela! l'engagement? un prétexte ; il fallait bien motiver l'arrivée à Nonnenbourg de la future favorite. Oh ! cette affaire était très bien menée ! Brascassou, d'un seul jet de pensées, entrevit tout l'avenir : des carrosses, des palais, des courtisans, des fêtes où se dresserait Gloriane, maîtresse d'un roi ! Quant à lui-même...

eh! eh! il y a de l'argent dans les coffres royaux.

Il courut au prince.

— Il fallait le dire! s'écria-t-il, extasié.

— Il fallait le deviner, répondit sèchement le diplomate que cela gênait fort de se livrer tout à fait à cet homme.

Brascassou reprit :

— Le roi connaît donc Gloriane?

— Il ne l'a jamais vue.

— Diantre! tout est à faire alors. Une aventure passablement hasardeuse. Ah! bête que je suis! la ressemblance! Vous êtes très fort, monsieur. C'est vous qui avez envoyé la robe pour juger de l'effet?

— La robe? répéta le prince avec un étonnement sincère.

— Très fort! vous dis-je, et, tenez, j'ai l'idée que nous accomplirons, vous et moi, en nous entendant bien, des choses qui étonneront le monde.

— Monsieur Brascassou!

— Bah! ne vous fâchez pas! Entre nous, continua le petit homme baissant la voix et clignant de l'œil, nous nous ressemblons assez, en ce moment, vous, prince, et moi, coiffeur : ce que nous faisons ne paraîtrait pas, à certaines gens, beaucoup plus joli de votre côté que du mien. Pasquedieu! monseigneur, il n'y a pas à dire, nous sommes deux compères!

— Enfin, vous acceptez? dit brusquement le prince, pour couper court à ce sot bavardage.

— Oui!

— Nous partons?...

— Pour Nonnenbourg, demain matin, par l'express de neuf heures quarante!

Et, là-dessus, Brascassou poussa la porte en criant dans le couloir :

— Gloriane! où es-tu? Tu peux rentrer, Gloriane.

Aucune réponse; personne dans le corridor encombré de meubles et d'accessoires; là-bas, à droite, la porte du foyer, entrebâillée, faisait, dans le plâtre de la muraille, blanc de clarté, une grande fissure obscure.

— Eh bien! Gloriane?

Un garçon de théâtre passa, éteignant un à un les becs de gaz; à chaque lumière de moins il y avait comme un voile de crêpe noir, brusquement tiré sur le mur.

— Tiens, vous êtes encore là, monsieur Brascassou? dit le garçon. Filez vite, j'éteins.

— Où est la Gloriani?

— Elle vient de partir.

— Hein? Qu'est-ce que vous dites?

— Je vous dis qu'elle est partie.

— Tonnerre de Dieu! avec Signol?
— Non, monsieur, avec un nègre.

Brascassou se remit, croyant à une plaisanterie. Mais le garçon expliqua les choses. Tout à l'heure, il était au foyer, attendait qu'on sortît, pour emporter les lampes. La Gloriani causait dans un coin, avec Signol précisément. Il y avait huit ou dix personnes, la Persano, le mari de la Trebelli et d'autres gens; Brascassou pourrait s'informer. La concierge était entrée, amenant un petit nègre qui avait un sac de bonbons et une lettre pour madame Gloriane. Un amour de petit négrillon qu'on aurait cru sorti d'une trappe de féerie, pas plus haut qu'une botte de travesti, tout en ébène et en soie de toutes les couleurs, avec des rubans et des fanfreluches, — l'air d'un oiseau de paradis qui serait un groom. La Gloriani avait croqué une praline, en avait fourré une autre dans la bouche de Signol, puis, en lisant la lettre, elle s'était mise à rire, à rire, à rire! Si bien que la gorge lui sortait du corsage sous la barbe de Signol; et la Persano trouvait cela indécent. Enfin madame Gloriane avait dit : « Mais oui, mais oui, je veux bien, c'est très drôle », et, sans bonjour ni bonsoir, en pouffant de rire toujours, elle s'en était allée avec le négrillon. Tout le monde était resté très étonné.

Un peu après, on avait entendu le bruit d'une voiture qui s'en va.

Brascassou grinçait des dents, la face toute ridée de colère.

— Ce contre-temps n'est pas bien grave, dit le prince en s'approchant.

— Monsieur! cria le factotum, vous ne connaissez pas Gloriane! Si elle m'échappe une heure, elle m'échappe pour toujours! Ce n'est pas une chienne que je tiens en laisse, c'est une louve.

— Diantre!

— Il faut la retrouver à l'instant! Allons, venez.

Il l'entraîna. En passant devant la loge du concierge, ils s'informèrent. On avait peu de chose à leur apprendre. Une voiture avait attendu à la porte du théâtre, en effet. Un coupé de maître, de beaux chevaux, un cocher très galonné. Mais qui était dans le coupé? On ne savait pas, on n'avait pas pu voir. La petite de la concierge dit pourtant : « J'ai grimpé sur le marchepied, j'ai aperçu quelqu'un dans le fond, qui avait l'air d'un jeune monsieur. » Puis Gloriane était descendue, s'était jetée dans le coupé, et la voiture, partant aussitôt, avait emporté dans son bruit de roues un double éclat de rire.

— La Gloriani est peut-être rentrée à l'hôtel, tout simplement, dit le prince.

— Hum! Il faut voir pourtant.

Un fiacre passait. Ils y montèrent. « Cocher, au Grand-Hôtel! et crève ta rosse; on te la paiera. » Sur le boulevard le cheval dut marcher au pas à cause d'un encombrement de voitures pleines de dominos et de masques, et pour ne point écraser les Mangins aux casques empanachés, les laitières, les gardes françaises, les espagnoles, les pêcheurs napolitains, sautillant çà et là, sous la pluie fine, entre les roues, par-dessus les tas de fanges et les flaques d'eau sale, qui leur éclaboussaient les bas ou le maillot, et leur mettaient des mouches au visage.

Sur l'ordre de Brascassou, qui enrageait, le fiacre fit un détour, arriva enfin devant le Grand-Hôtel, pénétra dans la cour. Des garçons accoururent, croyant à des voyageurs; ils affirmèrent que madame Gloriani n'était pas rentrée. Pourtant Brascassou, après une minute de réflexion, dit au prince Flédro : « Attendez-moi », et il se jeta dans un escalier. Quand il revint, il était en habit noir.

— Tiens, demanda le chambellan, où allons-nous?

— A l'Opéra.

Brascassou avait son idée. Gloriane ayant dit : « Je veux bien, c'est très drôle », ce pouvait être une folie de carnaval qu'on lui avait offerte ; il formait tout simplement le projet de soulever cette nuit la dentelle de tous les masques, jusqu'à ce qu'il eût retrouvé la Gloriani. Besogne formidable. Mais il comptait sur quelque hasard. Tout est possible, même dans l'improbable.

Le fiacre, qui s'était remis en route, fit halte après quelques minutes dans une rue étroite, devant une façade illuminée de gaz, et les deux hommes montèrent les quelques marches d'un large escalier, dans un brouhaha de cris, d'appels et de rires, parmi les loques mêlées d'un tumulte de masques, que traversait çà et là le glissement rapide d'un pardessus sombre au collet relevé, et que baignait d'un brouillard jaune la lumière poussiéreuse tamisée par les vitres de la marquise.

Au foyer, tout allumé de dorures vives, saturé de chaleurs et de lueurs, où, par endroits, le satin d'un domino bleu, rose, ou paille, fait un sillage clair à travers la compacte noirceur des fracs noirs qui se pressent et se tassent ; dans la salle, lumineuse et comme embrasée, qui, toute remuante de bras nus et d'épaules, et d'oripeaux tourbillonnants sous les lanières furieuses de l'orchestre, donne l'idée d'une immense paniérée de fleurs, aux parfums trop forts, secouée d'un vent de flamme ; dans les couloirs, où darde le grand œil rond des loges, qu'aveugle à demi, quelquefois une taie de soie rouge ; dans les coins presque déserts, où s'assied sur une banquette de velours aux crépines dédorées, quelque lourde drôlesse en décrochez-moi-ça-Renaissance, qui bâille, le menton entre sa gorge flasque trop relevée par le busc du corsage, et croise avec une lenteur d'ennui les cuisses grasses de son maillot ; dans les buffets fourmillants de garçons qui se hâtent et crient, d'habits noirs qui s'attablent, un page sur les genoux, et rient d'un rire aviné parmi les rumeurs des causeries et les gros bruits de baisers ou de bouteilles débouchées, — vaste assourdissement confus où tinte par instants le son clair d'un verre qui se brise ; dans les avant-scènes où l'on se montre, dans les baignoires, où l'on se cache, partout, Brascassou et le prince Flédro-Schèmyl cherchèrent anxieusement Gloriane, le chambellan regardant sous la barbe des loups, le factotum démêlant d'un coup d'œil dans la foule la rondeur d'une hanche ou la courbe d'une épaule, — car il n'aurait pas eu besoin du visage entrevu pour reconnaître la Frascuèla — et parfois enflant les narines comme pour humer une odeur espérée. Recherches vaines. Gloriane n'était pas à l'Opéra, millo dious! Ils sortirent, las, brisés, suants, mornes.

Le cocher demanda :

— Où allons-nous?

— Partout où l'on danse! cria Brascassou.

Cette nuit-là, d'autres bals, qui défient par la modicité du prix d'entrée la concurrence de l'Opéra, allumaient leurs girandoles et faisaient grincer leurs orchestres. Le fiacre s'arrêta sur les boulevards extérieurs, dans les quartiers lointains de la ville, devant de hauts portiques blancs et or, que débordent par bouffées des musiques et des rires, et que surmonte un demi-cercle, çà et là éteint, de globes lumineux. Pris à la gorge par d'écœurants aromes, aux yeux par d'âcres fumées, le prince et le coiffeur traversèrent les vastes salles, où des cohues plus viles, avec un secouement éperdu de haillons carnavalesques, se soûlent de lumière, d'odeurs, de bruits, dans un air empuanti de sueurs et de vin. « Gloriane ne peut pas être ici, disait le chambellan. — Qui sait? répondait Brascassou. Trois heures durant, ils visitèrent tous ces bouges, — toutes ces bauges. Sans résultat. Pas même une ressemblance entrevue, qui leur donnât un moment d'espoir.

— Où faut-il aller? demanda le cocher.

Brascassou cria :

— Partout où l'on soupe !

Ils rôdèrent, salués de huées, dans les salles communes des restaurants, tumultueuses, trop éclairées, chaudes d'haleines et d'exhalaisons de viandes. Parmi les cliquetis d'assiettes et les grincements de couteaux, et le va-et-vient des garçons qui s'affolent, les filles démasquées se penchaient vers les nappes, les bras nus entre les verres, la gorge dans les plats, et riaient aux propos des hommes, avec des bouches encore rouges dans leurs visages ternes, d'où la poudre de riz s'égoutte, grumelée par la moiteur. Aux tournants des escaliers, le long des corridors étroits, — pendant que des dominos, le capuchon rabattu, et se consultant à voix basse, se frottaient les mains sous le jet vif d'un bec de cygne en cuivre, au-dessus d'une cuvette aux petites fleurs violettes, — ils guettèrent l'ouverture brusque des cabinets qui projettent tout à coup une explosion de clameurs et de mots bêtes, et dont les glaces reluisent vite dans une disparition de chignons roux et de rouges écrevisses. Des restaurants du boulevard jusqu'aux cabarets des Halles, ils descendirent les étages de la débauche nocturne, cherchant toujours Gloriane, vainement. Puis, — ayant renvoyé le fiacre dont le cheval soufflait, éreinté, — ils se trouvèrent dans la rue, parmi le remuement matinal du marché, harassés, rompus, stupides, des chaleurs aux yeux, des parfums de fard et de sauce aux narines, — tout à coup refroidis par l'air mouillé qui court dans l'aube grise avec une odeur fraîche et crue de légumes.

Ils se mirent à marcher sans échanger de paroles, occupés de la même pensée. Il fallait revenir à l'hôtel : Gloriane était peut-être rentrée. C'était non seulement possible, mais probable. Le prince, quoique les anxiétés de son compagnon l'eussent enfin gagné, inclinait à le croire ; Brascassou, non. Il connaissait bien la farouche et libre créature, qui s'était laissé mater, par je ne sais quelle hautaine indifférence plutôt que par faiblesse, et qui pouvait secouer la servitude tout à coup. Un hasard avait donné la Frascuèla à Brascassou, un hasard pouvait la lui reprendre. La lui reprendre ! en ce moment ! à l'heure même où, par une fortune inespérée, il allait être, grâce à elle, l'entremetteur bien payé d'un caprice royal ! Ah ! tonnerre de Dieu ! s'il avait tenu entre ses doigts le cou de l'homme qui l'avait emmenée, ce soir, et qui ne la lâcherait plus peut-être! Brascassou, crispant les poings, songeait, la tête sur une épaule, avec une dure grimace.

— Regardez! s'écria le prince Flédro-Schèmyl.
— Hein?
— Regardez, vous dis-je.

Brascassou leva le front. Il vit dans le brouillard gris une longue rue, déserte, silencieuse, aux volets tous fermés; de loin en loin, au-dessus de murs bas, se hérissaient des arbres dont les branches déchiraient la brume; il y avait çà et là, d'une toiture à l'autre, un passage bref d'oiseau, qui disparaissait avec un seul cri.

Cette rue, Brascassou ne la connaissait pas. Il n'était arrivé que depuis peu de jours dans la ville. Quant au chambellan, il y était venu plusieurs fois, mais n'y avait guère séjourné. En croyant se diriger vers le Grand-Hôtel, les deux hommes s'étaient trompés de chemin, et, maintenant, ils étaient égarés.

— Eh! qu'importe? dit Brascassou à qui l'inquiétude ôtait toute espérance de sommeil. Nous retrouverons toujours notre route.

— Il s'agit bien de cela! Voyez, là, devant vous. Êtes-vous aveugle?

— Biédase! cria Brascassou.

La devanture vitrée de l'une de ces tavernes, assez fréquentes dans les quartiers riches, et où viennent boire de l'ale et manger du jambon les cochers anglais et les grooms, blanchissait, à la droite des marcheurs, un peu loin, plutôt pâle que lumineuse, comme si l'approche blême du jour eût estompé la clarté intérieure. Sans doute le maître du lieu avait profité de la nuit de carnaval pour donner l'hospitalité à quelque ripaille nocturne de jockeys en bonne fortune. Or, devant la porte, qui venait de se refermer, une forme de petit homme, titubante, chancelante, près de choir ici ou là, faisait papillonner dans le crépuscule livide des frissons de soies bleues, roses, couleur d'or et de flamme, d'où s'envolaient des rubans fous, tout ébouriffés d'air; et, hors de ces couleurs, s'érigeait une tête noire et luisante, aux dents blanches, aux yeux blancs, pareille à une grosse boule d'ébène lisse, qui serait incrustée de nacre.

Brascassou dit :

— Le négrillon qui est venu chercher Gloriane !

— Oui, peut-être, dit le prince. Voilà bien le costume décrit par le garçon de théâtre. Parbleu, ce serait une rare chance ! Il faut interroger ce petit homme.

— Non !

— Pourquoi ?

— Il ne répondrait pas, il est saoul. Il aura passé la nuit à boire et à manger dans la taverne. Puis, le silence doit lui avoir été recommandé, et, ne fût-il pas ivre, il ne nous apprendrait rien.

— Mais, sacrebleu! il s'en va. Que faire ?

— Le suivre, dit Brascassou.

Ils se mirent en marche derrière le négrillon fantasque qui s'éloignait dans le pénombre avec des battements d'ailes d'oiseau de paradis et des maladresses de pingouin. Quelquefois il s'arrêtait, se pliait, les mains aux genoux, et se mettait à rire, la tête en arrière, arrondissant, dans sa face noire, les rouges bouffissures de ses lèvres, pareilles aux bords saignants d'une grosse plaie.

— Epouvantablement ivre! dit Brascassou.

— Où diantre nous conduit-il? demanda le prince, chez qui la longue roderie nocturne avait éveillé dans les lombes et dans les cuisses les chatouillements précurseurs des rhumatismes, et qui, d'ailleurs, n'était bohême que chez les rois.

Le nègre tourna dans une rue, frôlant de la main l'angle de la muraille, avec le geste d'un enfant qui attrape une mouche.

Brascassou dit vivement :

— La voiture !

En effet, devant la porte cochère, très large et très haute, d'un tout petit hôtel, stationnait un coupé que surmontait une énorme houppelande jaune, à bouillons de drap, dont le collet s'évasait sous les bords d'un chapeau galonné, à cocarde; on entendait par instants grincer sur le pavé le fer d'un cheval qui s'éveille dans un secouement de crinière.

En sautant je ne sais quelle bamboula, souvenir des leçons maternelles reçues dans les offices, le petit nègre arriva devant la porte. Il regarda la voiture, s'accrocha des deux mains à l'une des roues, grimpa, enfla ses joues noires que fit luire la lanterne, souffla dans le nez du cocher endormi. Celui-ci ne répondit à cette plaisanterie que par un ronflement grossissant. Alors le négrillon descendit, et, toujours sautelant dans ses oripaux clairs — un petit Caliban habillé en Ariel, — il se tourna vers la porte, chercha dans des tâtonnements la rondeur du bouton de cuivre et s'y suspendit, renversé. Une claire sonnerie tinta derrière l'épaisseur des murs, comme à travers des ouates.

— Il nous échappe! dit le prince.
— Attendez, dit Brascassou.

La porte s'ouvrit; le petit nègre, la tête en avant, disparut, avec un frétillement de plumage; mais, avant que le battant fût retombé, Brascassou s'élança et le retint de sa main droite, pendant que, de l'autre main, fermée, il imitait sur le bois le lourd fracas d'une porte qui se referme.

Puis il se tint immobile, écoutant.

Aucun bruit, sinon celui des pas du négrillon sur les dalles, qui s'acheva dans l'épatement lourd d'une chute. Plus rien.

— Entrons, dit Brascassou.
— Diantre! dit le chambellan.
— Quoi donc?
— Mais nous ressemblons passablement à des voleurs, monsieur!
— Renoncez-vous à faire débuter Gloriane dans l'opéra de Hans Hammer?
— Entrons, dit le prince.

Brascassou rappliqua sans bruit le battant, ne referma pas la porte pour que la fuite fût possible en cas de malencontre.

Ils se trouvèrent dans de l'ombre et dans du silence. Pourtant, par une ronde ouverture, pareille à celle d'un tunnel, il leur arrivait de l'air frais, et des arbres, dont on ne voyait pas les branches, érigeaient vaguement leurs troncs sur la pâleur lointaine d'un mur dans la nuit du matin.

— Par ici! dit Brascassou.

Ses deux mains, en tâtant la paroi, avaient suivi le glissement d'une surface lisse, — du stuc probablement, — et venaient de se heurter au cadre d'un vitrage.

— La porte de l'escalier! reprit-il, parlant tout bas. Venez.

Le prince le suivit, le tenant par les épaules.

Ils montèrent quelques marches dans l'obscurité plus noire, craignant de voir apparaître tout à coup des gens, avec des lumières et des cris.

— Hein? dit Brascassou.

Il avait heurté de la bottine quelque chose de rond et de mou, qui était sur l'escalier et qui ne bougeait pas. Il se baissa, promena les doigts, légèrement, sur une forme étendue en travers de l'escalier, sentit de la soie lui grincer sous les ongles.

— Le négrillon! il sera tombé ivre-mort.

Ils enjambèrent le petit homme. Maintenant, leurs semelles enfonçaient dans une mollesse épaisse, un tapis certainement; Brascassou, qui avait saisi la rampe, sentait sous sa paume une résistance de velours.

Ils montaient, très lentement, ne se parlant plus, retenant leurs souffles.

Un bruit murmurant leur vint aux oreilles; on eût dit de petit rires, qui tintaient, puis s'étouffaient, dans des baisers peut-être, comme un gazouillis d'oiselets dans la mousse d'un nid. En même temps des senteurs vagues, se renforçant peu à peu, mêlaient une tiédeur, qui pouvait provenir des lumières et des plats d'un souper voisin, à je ne sais quoi de plus chaleureux, qu'exhalait peut-être une langueur lasse de femmes amoureuses. « Gloriane ! » pensa Brascassou, en renflant les narines.

Plus de marches. Ils étaient sur le tapis d'un palier, entre des portes, qu'ils ne voyaient pas, qu'ils devinaient. Les bruits étaient plus proches, les odeurs plus sensibles; ils entendaient, à travers un assourdissement de tentures sans doute, des rires, des paroles qui se meurent parmi des froissements de satins; ils humaient ces gras effluves qui montent des sophas et des tables. Brascassou aperçut, au ras de la muraille, une ligne d'or blême, tout émiettée par la frange d'un rideau.

— Gloriane est là, dit-il.

— Entrons ! répondit le prince, à qui l'aventure donnait enfin quelque audace.

Ils s'avancèrent, guidés par la lueur. Mais Brascassou heurta du genou une chaise; elle tomba, avec du bruit; et alors, d'une porte ouverte et refermée, qui laissa voir, dans un bref bâillement, des clartés, des blancheurs de porcelaine, et des cheveux sur des coussins d'or, une femme sortit, levant un flambeau, toute grêle, mince, vive, dans un peignoir de soie fauve, qui s'entr'ouvre, et avançant une fine tête brune, effarée, sous les petites flammes noires de ses boucles mêlées.

— Mme de Soïnoff! cria le chambellan.

Elle pouffa de rire.

— Ah! dit-elle, le prince Flédro? Que faites-vous ici? D'où venez-vous? Savez-vous bien que c'est de la dernière inconvenance; ce que vous faites-là? et que je ne vous pardonnerais jamais, si ce n'était bien extraordinaire aussi? Il m'est impossible d'en vouloir à l'imprévu; je ne sais pas bouder ce qui m'étonne. Comment nous avez-vous découvertes? Oh! vous êtes beaucoup plus adroit que je ne croyais. Je vous félicite. Je ne voyais en vous qu'un diplomate vulgaire, selon la tradition; non, vous êtes entreprenant, hardi, ingénieux, bizarre. Ce n'est pas mon mari, élève de M. de Talleyrand, qui m'aurait trouvée, cette nuit! Mais pourquoi me cherchiez-vous? Ah! oui, à cause de Gloriane, qui avait disparu. On m'avait donc reconnue, au fond de la voiture, dans mon frac, sous mon chapeau? Et vous avez tout deviné? C'est très bien, vraiment. Ce monsieur qui est avec vous, ce doit être M. Brascassou.

La Frascuèla m'a raconté les choses. Vous aviez peur qu'elle ne revînt jamais? Eh! on ne l'a pas mangée, je vous assure. Enfin, c'est elle que vous voulez, n'est-ce pas? A la bonne heure. Je vais lui dire que M. Brascassou l'attend. C'est égal, vous m'avez fait grand'peur en venant ainsi. Nous avons cru un instant que c'était... Oh! mais non, puisqu'il est au camp de la Jonquère, avec le général Tagereau!

Les deux hommes la regardaient, ébahis, pendant qu'elle leur jetait au visage ces paroles et ces rires avec les pétillements du flambeau.

Elle se retourna, entr'ouvrit la porte, à peine — juste assez de place pour laisser passer deux doigts qui font des signes — et, la bouche dans l'écartement, elle appela d'une voix gaie :

— Gloriane!

Une blancheur dorée passa derrière l'étroite ouverture.

— Non... l'autre! dit Mme de Soïnoff, secouée d'un rire plus fou.

L'entrebâillement s'élargit, et Gloriane, devant le battant vite reclos, apparut, dans une explosion de chaleurs et d'odeurs, grasse, blanche, défaite, haletante, riant son rire rouge dans l'or mêlé de ses cheveux, et ramenant à pleines mains, sur son front, sur sa gorge, sur ses forts bras nus, sa pelisse de fourrures, endossée la hâte, qui lui mettait partout des caresses de bête douce.

Brascassou sauta sur elle comme Harpagon sur sa cassette, et l'entraîna dans l'escalier, pendant que M^mo^ de Soïnoff, penchée en-delà de la rampe, et, haussant le flambeau, disait :

— Prenez ma voiture, Gloriane !

Puis la comtesse se tourna vers le chambellan qui était resté là, stupéfait.

— Allons, suivez-les ! dit-elle.

— Mais, Madame...

— Quoi donc ?

— Vous ne m'expliquerez pas...?

— Est-ce qu'il y a quelque chose à expliquer? Est-ce que tout n'est pas très clair?

— Tout est fort mystérieux, au contraire !

— Bah ! vous trouvez? Eh bien, après, que vous importe? Qu'avez-vous à réclamer? De quoi vous plaignez-vous? Vous cherchiez Gloriane : vous l'avez retrouvée; vous vouliez le portrait de la reine : je vous le donne, vivant. Ah ! je m'attendais à quelque gratitude, prince Flédro-Schèmyl ! N'est-ce pas à moi que vous devez d'avoir remarqué la ressemblance qui fera votre fortune? La robe, vous savez, c'est moi qui l'ai envoyée, pour que vous comprissiez tout de suite. Vous imaginez le scandale ! Enfin, pour vous être agréable, j'ai été tout à fait imprudente. Mais vous êtes un ingrat. Soit. Ne me remerciez pas, et partez.

— De grâce !

— Qu'est-ce encore? Voyons, dites.

— Où sommes-nous?

— Eh! sait-on jamais où l'on est? On est chez soi ou ailleurs, selon les aventures. Il y a des maisons qui nous appartiennent, et où nous demeurons presque toujours ; il y en a d'autres qui n'ont pas l'air de nous appartenir, et où nous allons, quelquefois. Mais qui donc songe à se demander si l'on se trouve dans les unes ou dans les autres? Et puis, quand même on le saurait, est-ce que ce serait une raison pour le dire? Maintenant, j'ai répondu, allez-vous-en.

— Un mot! un seul! pourquoi avez-vous conduit ici...

— La Frascuèla? Ah! vous êtes trop curieux enfin! Suis-je tenue de vous conter toutes choses? Réfléchissez, imaginez, devinez si vous pouvez. Qui sait s'il n'y a pas de politique dans cette affaire? Je suis ambassadrice, prince Flédro! J'ai peut-être voulu vous faire une alliée de celle qui sera la maîtresse d'un roi; en cas de guerre avec la Prusse, — tout est possible, — la neutralité de la Thuringe serait fort désirable. Et puis il y a des fantaisies qui peuvent passer par la tête d'une femme, — ou de deux femmes. Oh! je vous l'ai dit, nous sommes très graves, à présent, très austères, mornes. Je suis dévote comme une Italienne; elle, comme une Espagnole. Mais quoi! il y a des heures où l'on veut rire un peu. Justement, je me confesse après demain, et je n'aurais rien eu à avouer. Cela m'eût donné de l'orgueil; j'ai péché par humilité, — si j'ai péché! car enfin, vous me faites dire cent folies et il n'y a rien de vrai dans tout ceci. Je vous demande un peu si, parce que j'adore la reine, c'est une raison pour que j'aie voulu voir son portrait, de tout près, et si les visites au château de cette grosse fille qui hurlait la *Gardeuse d'ours* prouvent le moins du monde que nous ayons eu le caprice d'entendre la Gloriani chanter le brindisi de la *Cortigiàna*, dans la folie d'un souper réel, et les lèvres mouillées de vrai vin!

Elle le poussait dans l'escalier, tout en lui bavardant ces choses à l'oreille; mais, tout à coup, dans un éclat de rire :

— C'est égal! cria-t-elle, la Gloriani est une terrible femme, et la vertu de votre roi n'a qu'à bien se tenir.

Puis elle s'échappa, ouvrit et referma la porte dans une disparition de clarté.

Le prince, dans l'ombre brusque, s'était cramponné à la rampe. Il écouta. Il y eut encore de petits rires, mêlés, eût-on dit, de reproches à voix basse, caressants. Ce fut tout. Il descendit à tâtons et rejoignit Gloriane et Brascassou qui l'attendaient dans la voiture.

Ce matin-là, par le train de neuf heures quarante, le chambellan du roi Frédérick II partit avec la prima-done et son coiffeur pour la ville de Nonnenbourg, qui fut ainsi nommée parce que Luitpold-le-Lion en posa les premières pierres sur l'emplacement d'un couvent de religieuses, et qui est actuellement la capitale du royaume de Thuringe.

FIN DU LIVRE PREMIER

LIVRE DEUXIÈME

FRÉDÉRICK

I

A la cime blanche d'un mont, dans la pâle et froide Thuringe, un jeune pâtre debout sur une pente de neige jouait de la flûte dans le matin.

Devant lui, plus bas que lui, le cirque énorme des Alpes, étagé de granits, hérissé de sapins, prolongeait ses inclinaisons jusqu'au fond des précipices blêmes que voile une vapeur; et, sous l'azur vague où çà et là s'étirent des nuées, dans le vent silencieux qui emporte parfois des volutes de flocons éparpillés en poussière, le soleil de janvier illuminait les roches glacées, allumait le mica des neiges et faisait, aux pointes des branches, resplendir comme de petits lustres, des pendeloques de grésil.

Svelte et grand, pâle, sous des cheveux noirs en boucles, ayant dans ses yeux très bleus une profondeur de lac ou de ciel, — pareil à quelque belle jeune femme, — le pâtre était debout sur la hauteur, seul dans l'immense isolement; tout vêtu de fourrures blanches, c'était comme s'il avait neigé sur lui.

L'air qu'il jouait, lent, pur, interrompu de silence, s'égrenait dans la solitude, en rares perles froides, semblables aux gouttes d'une source gelée, qui fond.

Il cessa de jouer, inclina la tête, prêtant l'oreille, avec l'air d'attendre un écho. Rien. Pas un son. Seule, une grosse pierre détachée par le passage du vent roula sur une pente et s'arrêta dans un bruit de branchage cassé.

Alors il regarda tristement le paysage morose. Penché avec l'inquiétude d'un amant qui ne voit pas venir celle qui avait promis, on eût dit qu'il demandait une voix au silence et l'apparition d'une forme à l'immobilité de la neige. Il tendait ses bras comme dans l'espérance d'une étreinte; mais ils retombèrent lentement, avec un geste de mélancolie, n'ayant pas même embrassé des nuées.

Il remit la flûte à ses lèvres; l'air doux, signal convenu, peut-être, s'égrena de nouveau dans le silence du vent.

A l'une des notes une note répondit, lointaine, grêle, claire, — le son que pourrait avoir une bulle d'eau qui crève.

Il frémit, une pourpre soudaine aux joues, les yeux allumés de joie, et continua de jouer, s'arrêtant de minute en minute pour écouter le frêle écho, là-bas.

L'écho était le chant du Solitaire, mystérieux rossignol des Alpes, que l'on entend quelquefois, que l'on ne voit jamais; dans la blanche mélancolie de l'hiver, cette voix d'oiseau, répliquant à cette voix de flûte, semblait une réponse de l'idéal au rêve.

Le pâtre jouait toujours, plus vite, ravi, extasié; le Solitaire, rapproché sans doute, et enflant son gosier dans quelque creux de roche, rivalisait d'un chant plus rapide avec les fusées de notes qui s'échappaient de la flûte; ce n'étaient plus les plaintes vagues, éparses, qui pleuraient tout à l'heure, mais deux mélodies joyeuses, ardentes, presque folles, se mêlant, se fuyant, se rejoignant, comme le double vol sonore dans le soleil de deux libellules amoureuses.

Tout à coup, la flûte se tut, la voix d'oiseau s'éteignit dans un bruit d'envolement.

Le pâtre s'était retourné, pâle, d'un air de colère, à cause du bruit d'un pas.

Quelqu'un s'approchait en effet, gravissant les neiges, un très jeune homme, gras, blond, rose, face en belle humeur sous une toque où riaient des plumes; une corne de buffle sautait sur la hanche de son habit de chasse, vert, à galons d'or.

— Que veux-tu, Karl? demanda le pâtre d'une voix brusque.

— Sire, dit l'autre en s'inclinant très bas, une très grave circonstance...

— Ah! le prince Flédro est revenu? Il m'apporte...

— Hélas, non, sire! Mais votre mère est arrivée de Berlin et désire voir Votre Majesté.

— Tu m'as donc trahi? dit le roi d'un ton de colère, avec un pas en avant.

— Que Votre Majesté daigne prendre garde! répondit Karl dans un gros sourire. Si elle s'approchait encore, je serais obligé de reculer par respect, et je tomberais dans ce précipice, infailliblement.

Le roi reprit, en retroussant avec un air de dédain sa lèvre pâle et fine :

— Eh bien, tu mourrais! Tu tiens donc à vivre, toi, enfant? Cela t'intéresse de voir la stupidité de l'homme et l'ignominie de la femme? Ah! je te le dis, Karl, toute la foule vivante des mortels est une poussière moins précieuse que ce nuage de neige emporté par le vent, et toutes les paroles qui furent proférées depuis le babil du premier-né sous les lèvres de la première mère, ne valent pas le chant de l'oiseau que tu as fait s'envoler !

Il parlait ainsi, amer et mélancolique, et farouche un peu, mais joli, — l'air d'un très jeune Hamlet à qui Shakespeare aurait donné un rôle dans une féerie intitulée le Songe d'un matin d'hiver.

Il s'assit sur la neige, et, après une rêverie :

— Enfin, explique-toi. Pourquoi as-tu révélé le secret de ma retraite ?

Karl essaya de donner quelque gravité à sa bonne face réjouie, et il dit, très vite, du ton de quelqu'un qui récite une leçon :

— Sire ! la situation politique du royaume est passablement périlleuse. J'ai le regret d'annoncer à Votre Majesté que les élections n'ont pas été aussi excellentes que pouvaient le faire espérer les habiles dispositions prises par vos ministres. Malgré les candidatures recommandées et la loi qui a fixé le nombre des collèges électoraux, les patriotes-catholiques n'ont obtenu que des succès médiocres ; les mandements des évêques ont plutôt irrité que convaincu la population égarée par le rêve de l'universelle patrie allemande ; et, beaucoup de nationaux-libéraux, — c'est-à-dire de Prussiens et d'hérétiques, — viennent d'être élus à une forte majorité. Où nous conduiront ces gens-là ? Le président du Conseil m'a fait l'honneur de dire en ma présence que, s'il surgissait quelque guerre où la Thuringe serait entraînée dans l'alliance de la Prusse, les libéraux ne manqueraient pas de saisir cette occasion d'inféoder à la nation protestante notre catholique nation. En attendant, il est probable que les nouveaux députés refuseront à votre ministre des beaux-arts le crédit de quatorze millions qui permettrait de bâtir le théâtre de Hans Hammer ; et l'on parle d'une adresse assez impertinente dans laquelle Votre Majesté serait « priée » d'expulser du royaume Hans Hammer lui-même, — à peu près comme Frédérick Ier fut prié de chasser la belle Mona Kharis.

Karl se tut, essoufflé. Le roi était debout, la lèvre frémissante, un éclair de menace dans l'œil.

— S'ils me refusent l'argent nécessaire à ma gloire et à celle de mon pays, cria-t-il en cinglant l'air avec sa flûte du geste d'un piqueur qui fouaille une meute insoumise; s'ils me demandent d'éloigner d'auprès de moi le seul qui soit grand parmi les hommes et le seul qui me soit cher, pardieu! comme le jeune Louis de France, j'entrerai dans mon Parlement, au retour de quelque chasse, le chapeau sur la tête et faisant sonner mes bottes éperonnées, et toutes les volontés se courberont sous le vent de ma cravache !

— Parfait ! dit Karl en pouffant de rire. Moi, derrière Votre Majesté, je sonnerai dans ma trompe, ce qui ne manquera pas de faire fuir tous ces avocats comme des chevreuils effarouchés ! Mais ce que le roi fera et aura raison de faire, les ministres ne peuvent pas l'essayer. De là leur inquiétude. Songez donc, sire ! il y a vingt jours que les valets de chambre de Votre Majesté se sont aperçus enfin que c'était, non pas Frédérick II, mais un mannequin en costume d'Obéron, qui leur tournait le dos, assis dans une pose de rêverie, au bord du lac, près de la grotte de Titania ! Et depuis ce temps, toute la cour est en rumeur ; vos écuyers, dès l'aurore, rôdent de salle en salle, de jardin en jardin, cherchant le maître, effarés, éperdus ; quelques-uns sautent à cheval, partent pour le Bourg-des-Roses ou pour le Château-des-Sirènes, et reviennent le lendemain, tout déconfits. Quant aux ministres, ils sont vraiment dans un état digne de pitié ; M. de Louisberg, à la première nouvelle de votre disparition, a laissé tomber sa tabatière sans s'en apercevoir, et il y aura demain trois semaines qu'il plonge inconsciemment ses deux doigts dans la paume de sa main vide, et se bourre le nez avec des prises d'air !

Mais il éternue par habitude. Le comte de Lilienthal ne va plus, le matin, boire ses quatorze cruches de bière Dieu-le-Père au couvent des Franciscains, de sorte que, toute la journée, il a l'air d'un homme ivre; ça le grise, de ne pas être saoul. Votre Majesté ne reconnaîtra pas M. de Lohenkranz! Il n'a plus qu'un tout petit ventre : une tonne de bière changée en un baril d'anchois. Enfin le baron de Storkhaus, qui passait hier, le chapeau à la main selon sa coutume, dans la Johann-Joseph-Strasse, a salué le carrosse de l'ambassadeur d'Autriche en enlevant sa perruque! Ma foi, la détresse des conseillers de la couronne m'a tout attendri le cœur; je n'ai pu résister à leurs prières, — car on se doutait bien que j'étais au courant des choses; j'ai donné à entendre au ministre de la Guerre que Votre Majesté était allée en Hollande pour y voir une tulipe noire et rose qui venait de fleurir pour la première fois; j'ai révélé au ministre de la justice que le roi avait eu le caprice de compter combien de minutes tournerait sans disparaître une plume d'alcyon jetée au gouffre du Malstrœm; le ministre des finances a appris de moi que Frédérick II chassait actuellement dans la partie occidentale de la côte groenlandaise, où, d'après des avis sûrs, il y a cette année une rare abondance de renards bleus;

enfin il m'a été impossible de cacher au ministre
des cultes, président du conseil, que son maître
avait jugé bon de faire un pèlerinage à la Mecque,
et que, pour n'être pas reconnu, il s'était mêlé
à une tribu de Tziganes qui voyageaient vers
l'Arabie en jouant du tambourin! A vrai dire,
je ne sais pas si l'on m'a cru. Mais le baron de
Storckhaus m'écoutait avec des yeux si confiants
que je ne serais pas étonné s'il s'occupait de
réunir une caravane pour faire, à dos de cha-
meau, la quête de Votre Majesté! Notez que,
dans la ville, l'émotion n'est pas moins grande
qu'à la cour. Vos énormes Thuringiens, lourds
et lents, qui ressemblent plutôt à des barriques
roulantes qu'à des hommes en marche, et qui
suffiraient, si on les mettait en perce, à désal-
térer les deux Allemagnes... — Vous savez comment M. de Bismarck les appelle? « Des ani-
maux qui tiennent le milieu entre l'Autrichien
et l'hippopotame »; — ... vos énormes Thuringiens ont pris des allures hagardes et sautillantes
de nouvellistes en émoi. Tout Nonnenbourg n'est
qu'un tohu-bohu qui raconte ou interroge. Le
matin, à l'Université, les professeurs en chaire
oublient de nier Dieu pour s'inquiéter du roi,
et les étudiants qui rôdent autour du jet d'eau,
entre les corbeilles de fleurs, se demandent les
uns aux autres, avec une inquiétude égale, si

on leur fera crédit, tout à l'heure, à la restauration de la Germania, et si Votre Majesté rentrera bientôt dans sa capitale ! Les artilleurs, dans les cours des casernes, tout en fourbissant la gueule des canons que vous a envoyés votre cousin de Prusse ; les bureaucrates, dans leurs niches sombres, en se grattant le nez avec la barbe de leurs plumes ; les peintres, dans les ateliers, en ajoutant des lys et des roses à quelque Ève, d'après Albrecht Durer, ou à quelque Vénus, d'après Overbeck, se lamentent d'ignorer ce qu'est devenu leur roi, violent comme un boulet, calligraphe comme un professeur d'écriture, et plus beau que toutes les femmes ou que toutes les déesses ! Pas une saucisse de veau n'est mangée, dans la Brasserie Royale, sans que le mangeur ne s'écrie, la bouche pleine : « Saperment ! où donc est allé Frédéric II ? » Les mendiants demandent à la fois l'aumône et des nouvelles de Votre Majesté ; et que je sois emporté par le satyre diabolique qui baise les épaules des nymphes dans les sentiers du Vénusberg, si Ottilia ne m'a pas dit, hier soir, après avoir essuyé du bout de sa langue rouge la mousse qui coulait de mon verre : « Est-ce vrai que le Prince Pâle — comme on vous appelle — a été enlevé au pays des Féeries, et qu'il ne nous sera rendu que lorsqu'il aura fait deux enfants à la

Reine des Fées, un garçon et une fille ? » Ma foi, j'ai répondu : « Il reviendra dans neuf mois, parce qu'on espère des jumeaux. »

— Tu aurais dû, au lieu de mentir, te taire, dit le jeune roi sévèrement.

— J'ai préféré me taire, tout en parlant, dit Karl. Il n'y a rien de plus discret qu'un bavardage habile ; et personne ne saurait où se trouve Votre Majesté si Sa mère n'était revenue de Berlin. Ah ! sire, la reine Thécla est une personne terriblement perspicace. Elle n'a voulu croire ni à la tulipe de Hollande, ni à la plume d'alcyon, ni aux renards bleus de Groenland, ni aux tambourins des Tziganes ; même la légende des jumeaux exigés par la reine des fées l'a fait sourire avec un air de dédain très pénible pour mon amour-propre de conteur ! Elle m'a regardé dans les yeux, en disant : « Où est le roi ? » comme elle sait regarder, de manière à donner le frisson. Pourtant, je n'aurais rien dit, — rien dit de vrai, du moins, — si la reine Thécla ne m'avait menacé...

— Ma mère t'a menacé, toi, mon petit serviteur ?

— Moi, non, pas précisément. Mais, au moment où elle m'interrogeait, nous étions dans le jardin de la Résidence, au bord du lac ; le beau cygne qui a traîné plus d'une fois la barque où vous rêvez au clair de lune sous le casque d'argent des chevaliers du Saint-Graal, est venu becqueter tout près de nous sur les gazons de la rive; et la reine a considéré d'un tel air la précieuse bête blanche que je me suis mis à trembler; évidemment, si je n'avais pas consenti à venir chercher Votre Majesté, le cygne aurait eu affaire non pas à Parcival, mais à votre cuisinier viennois, et j'aurais été exposé à manger en sauce à la confiture de groseilles, une cuisse ou une aile de l'oiseau divin qui tire avec une chaîne d'or la nacelle de Lohengrin!

Le roi dit, après avoir songé :

— As-tu deviné ce que ma mère veut me dire ?

— Quelque chose de très désagréable évidemment, répondit Karl, puisque la reine arrive de Prusse, et puisqu'elle a fait mander, dès son arrivée, le prieur des Franciscains; tout l'ennui qui nous peut venir des hommes passe par les mains de M. de Bismarck, et c'est dom Benignus que Dieu a choisi pour messager de ses taquineries. Il est probable que la reine et le prieur entretiendront longuement Votre Majesté des intrigues prussiennes et des intérêts religieux du royaume. Ah! ce sera fort gai! Et encore, veuille le ciel ne pas vous réserver autre chose qu'un discours politique et qu'un sermon franciscain!

— Eh! qu'ai-je donc à craindre?

— Un épithalame, Sire!

Le roi devint tout rouge, brusquement, du coup aux tempes, comme une jeune fille qui reçoit en plein visage le propos d'un libertin.

Il dit vivement, d'une voix qui tremble :

— Explique-toi, mon Karl. Tout ce que tu as appris, raconte-le-moi.

— Sire, je ne sais rien de précis, mais j'ai le soupçon qu'il se trame quelque chose d'assez inquiétant, et qui ne sera point du goût de Votre Majesté.

— Quels sont tes soupçons? Dis-les.

— La reine Thécla est arrivée à Nonnenbourg, de nuit, inattendue, et elle a pénétré dans la Résidence, furtivement, sans que les trompettes aient sonné ni que les tambours aient battu aux champs.

— Ma mère est un esprit sévère qui répugne au faste de l'étiquette.

— Ce que votre mère a voulu éviter, cette fois, ce n'est pas la pompe d'une réception officielle, c'est...

— Quoi donc?

— La curiosité des courtisans et de la valetaille.

— Elle avait donc intérêt à cacher sa présence?

— La sienne, non; mais celle de deux personnes qui l'accompagnaient.

— Ma mère n'est pas revenue seule?

— Vous savez, Sire, que j'ai le sommeil d'un oiseau et la démarche d'un chat? Dans la nuit d'avant-hier, j'ai entendu s'ouvrir lentement l'un des grands portails du Château. Qui venait à pareille heure? vous, peut-être. Je sautai de mon lit, et je descendis en m'habillant. Sous la voûte, des ombres s'avançaient, précédées du castellan, qui élevait une lanterne; je me tins coi, près du mur, dans l'ombre, à côté de la grosse pierre de Maximilien-Christophe. Je reconnus votre mère, et je distinguai deux femmes qui marchaient derrière elle.

— Tu les a reconnues aussi?

— Hélas! sire, on y voyait à peine, et les deux femmes étaient vêtues comme les pénitentes le jour de la fête de Toutes-les-Ames. J'ai seulement deviné que l'une des arrivantes, dont la tête vacillait sous le voile, était quelque très vieille personne, tout à fait les façons et la démarche d'une vénérable duègne.

— L'autre? demanda le roi.

L'autre s'avançait résolument, avec un air de s'amuser de tout ce mystère, légère, presque sautillante; son voile, à la hauteur des yeux, avait deux petites rondeurs claires, très vives, et la dentelle s'enflait comme si l'on eût ri dessous. Il n'y avait pas à en douter : dix-huit ans environ.

Le roi devint plus rouge, en détournant la tête.

— Le lendemain, dit-il, tu t'es informé ?

— Votre Majesté n'en doute pas ! Mais aucun être vivant n'avait vu les deux mystérieuses personnes, sinon le castellan, à qui l'on avait fait la leçon sans doute, car il m'a répondu : « Vous avez rêvé, monsieur Karl ! » Alors je me suis mis en quête moi-même ; il n'y a pas une salle de la Résidence, pas un pavillon des jardins, où je ne sois entré, où je n'aie fureté. Vainement. Le désert, le silence : ce qui reste après une disparition des fantômes.

— Elles étaient reparties ?

— Je suis parfaitement convaincu du contraire !

— Cependant...

— Oh ! Sire, vous devinez bien qu'il y a des appartements où je n'ai pas pu pénétrer.

— Lesquels ?

— Ceux de la reine Thécla !

— Tu crois que ces deux femmes sont chez ma mère ?

— Si je le crois ? j'en suis sûr. Vous savez qu'il y a un orgue dans l'oratoire de la reine ?

— Oui.

— Eh bien, hier soir, comme je faisais le guet, sous les fenêtres de l'oratoire, j'ai entendu...

— Ma mère joue de l'orgue, parfois.

— Mais ce qu'elle joue, c'est presque toujours quelque morne psaume ou l'un des religieux andantes où se lamente l'âme de Pergolèse. Sire ! j'ai entendu l'allégro des fiançailles du Chevalier-au-Cygne !

Le roi fut secoué d'un frisson. Il se mit à marcher çà et là sur la neige. Parfois, il se prenait la tête entre les mains. Il s'arrêta tout à coup, très pâle.

— Karl ! Karl ! dit-il en secouant dans le vent ses boucles, il faut que je fuie ! Tu m'entends ? Je veux fuir. Loin de ma ville, loin de ma cour, loin des respects qui m'écœurent et des intrigues qui me gênent, loin de tous ceux qui me possèdent parce que je suis leur maître ! Je romprai mes chaînes, et les leurs. Le trône est un siège de torture où je ne veux plus être assis. Comme Walter de la Vogelveide, j'ai l'âme d'un oiseau dans un corps sans ailes, hélas ! A la pesanteur d'être homme, je n'ajouterai plus la gravité d'être roi. Il faut que je m'échappe et disparaisse ! Il y a bien, sur une rive inconnue, quelque pâle solitude encore où cacher à tous les yeux la honte et le regret de vivre. Je

veux être parmi les humains le souvenir de
quelqu'un qui a passé pour ne jamais revenir!

— Je suis du voyage, dit Karl! Votre Majesté
s'accommodera-t-elle de la Floride? C'est un
pays assez désert, à ce que l'on rapporte. Des
fleurs énormes, pleines de poisons parfumés,
fleurissent au bord de grands lacs noirs, et les
oiseaux qui viennent boire aux calices battent
de l'aile et tombent, ivres et morts, dans
l'extase d'un chant suprême. Il est peu probable
que vos ministres vous poursuivent jusque
dans ce pays-là pour vous signaler les mauvais
desseins des nationaux-libéraux, et votre mère
se gardera bien de vous y amener des fiancées.
Voilà qui est dit! Partons! Ah! mais, j'y songe,
ajouta Karl en se grattant du bout d'un ongle
le bout du nez, qu'adviendra-t-il de Hans Hammer quand nous ne serons plus là? Tout le
monde n'éprouve pas pour ce grand homme
l'affection enthousiaste que le roi lui a vouée;
pour ma part, je connais une reine, quatre
ministres et deux cents députés qui n'attendent
que l'occasion favorable de l'envoyer en exil,
deux ou trois mille compositeurs de musique qui
ne manqueront pas de le siffler dès que Votre
Majesté ne l'applaudira plus, et un nombre considérable de juifs, accru d'un certain nombre
de jésuites, tous gens de fort méchante humeur,

entre les mains de qui je ne lui conseille pas de tomber, le soir, au coin d'un bois.

— Tu dis vrai en riant, répondit Frédérick, tout pensif. Je ne peux pas abandonner ma tâche avant que mon œuvre soit achevée ; il faut que je reste roi, pour que Hans Hammer soit dieu.

Il ajouta :

— Tu as amené les chevaux ?

— Les deux bêtes favorites de Votre Majesté, la jument noire qui s'appelle Nacht comme la haquenée d'Oriane, et l'étalon blanc que l'on nomme Grane, comme le palefroi de Brunehilde. Je les ai laissées sur le plateau de la montagne, près du chalet de votre nourrice ; pendant qu'ils broutent l'herbe rare et la neige, la vieille Wilhelmine prépare une soupe de lait et de pain noir pour notre repas du matin.

— Je reviendrai donc à Nonnenbourg, dit le roi mélancoliquement. Va, mon Karl, je te suis.

Et la main sur l'épaule de son jeune serviteur, Frédérick, la tête basse, commençait à descendre la pente de neige et de gel vers le plateau de la montagne.

Il s'arrêta et regarda autour de lui.

Le cirque énorme des Alpes, étagé de granit, hérissé de sapins, prolongeait ses inclinaisons jusqu'au fond des précipices blêmes que voile

une vapeur ; sous l'azur vague où çà et là
s'étirent des nuées, dans le vent silencieux qui
emporte parfois des volutes de flocons éparpillés
en poussière, le soleil de janvier illuminait les
roches glacées, allumait le mica des neiges et
faisait, aux pointes des branches, resplendir,
comme de petits lustres, des pandeloques de
grésil.

Il mit la flûte à ses lèvres.

L'air qu'il avait joué, lent, pur, interrompu
de silence, s'égrena de nouveau en rares perles
froides, semblables aux gouttes d'une source
gelée, qui fond. Mais la voix du rossignol
des alpes, qui avait semblé la réponse de
l'idéal au rêve, ne répliqua pas à la voix de la
flûte.

Alors, après un dernier regard, longuement
tenace, comme si Frédérick eût voulu garder à
jamais dans ses yeux toute la vision blanche
de l'hiver, après une longue et large aspiration,
comme s'il eût voulu emporter dans ses poumons tout le vaste air libre des hauteurs, le
pâtre-roi suivit le pâle chemin qui descend, en
murmurant, mélancolique :

— L'oiseau de la solitude est fâché contre
moi, parce que je reviens au milieu des
hommes.

II

Il y a, dans une aile de la Résidence, à Nonnenbourg, une retraite à presque tous interdite, où le roi pénètre seul, avec quelques pages familiers. Pour ceux-là mêmes qui rôdent tout le jour sous les fenêtres du palais, elle est si mystérieuse qu'elle leur semble lointaine.

Entre la ville affairée et vivante et le parc tout remuant de feuillages et d'oiseaux, elle apparaît à l'esprit, au fond d'une brume de rêve, comme un séjour de féeries, comme une île de prodiges, où rien de ce qui est la nature ne doit chanter ni verdir, où rien ne doit exister de ce qui est la vie. C'est à peu près un autre monde au milieu de celui-ci, un Paradis au coin d'une rue. Et cet Eden, que l'on prévoit délicieux, éveille en même temps, à force de vague et d'inconnu, l'idée d'une chose terrible, comme le pourrait faire, en-delà d'une haute muraille, un jardin deviné, qui est peut-être un cimetière. Le désir de savoir a presque peur d'apprendre.

Pourtant on s'approche, on se glisse, on guette ; on essaye, sur la pointe des pieds, d'escalader du regard le rebord des fenêtres closes. Vainement. Comme dans le conte du Chevalier Bleu qui demandait à quoi Merlin passe le temps dans la grotte de Viviane, « la Curiosité interroge, mais le Mystère fait signe au Silence de répondre pour lui ».

C'est là que vint le roi Frédérick, redescendu de la montagne.

Après avoir traversé une ombre pleine de chuchotements, où des mains invisibles le dévêtirent de ses fourrures de neige et lui mirent d'autres habits, il écarta lentement, à tâtons, les chevelures abondantes d'un grand saule, qui glissèrent derrière lui avec des frémissements de soie ; et, alors, tout à coup, dans une vaste et chaude clarté qui l'enveloppa d'un éblouissement d'or fluide et de pierreries en fusion.

— Salut, roi Parcival !
— Bonjour, héros Siegfried !
— Gloire à toi, duc Thésée !
— As-tu triomphé des épreuves et conquis le calice où pleura le sang de Jésus ?
— As-tu mouillé ta bouche à la plaie du Dragon, afin de comprendre ce que disent les petits oiseaux des bois ?
— As-tu vaincu les Amazones atroces, qui

portent sur leurs casques des gueules de lions?

— **Est-ce que** tu as rompu les artifices d'or des cheveux de **Kundry?**

— Est-ce que ton cœur n'a pas frémi, quand t'apparut la Walkyrie, sur la cime, au milieu des flammes?

— Est-ce que tu as osé mettre tes lèvres au sein blessé de la cruelle Hippolyte?

— Salut, conquérant du Saint-Graal!

— Bonjour, tueur des monstres!

— Gloire à toi, vainqueur des guerrières!

Qui parlait ainsi? des oiseaux. C'étaient, parmi l'envolement de cent ailes mêlées, une fauvette à huppe, se souvenant peut-être d'avoir chanté sur le bois du Calvaire, qui, les pattes accrochées à une guirlande de liserons, son petit cou tout gonflé, son petit bec grand ouvert, demandait à Parcival des nouvelles du saint Calice; c'était un bouvreuil, les ailes étendues, qui complimentait le meurtrier du Dragon, en renflant sa gorge sanglante; c'était une colombe divine comme celle des antiques Cythères qui, dans la courbe d'un vol blanc, roucoulait la bienvenue au jeune duc d'Athènes, tout empourpré du sang odieux des femmes.

Du haut d'un ciel clair et pur comme le cristal bleu des lacs, que traversaient çà et là des bouffées de brouillard, l'or d'un soleil de

midi embrasait la clairière d'un bois. Des
odeurs d'herbes surchauffées montaient du sol
gazonneux, où rayonnait l'étoile des pâquerettes,
où tintait la clochette des muguets, et il y avait,
sur la tige cassée des plantes des fuites métal-
liques de lézards verts, et, de fleur en fleur,
des sautèlements cliquetants de sauterelles.
D'étranges arbres, dont les troncs .de corail,
aux nœuds de pierres fines, pleurent des gommes
d'or, inclinaient et relevaient, balancés d'un
vent rhythmique, les vastes émeraudes de leurs
feuilles où saignaient comme de belles bles-
sures des tulipes de rubis ; et, là-bas, sous un
entremêlement de branchages d'une roche en
lapis-lazuli, une source égouttait des diamants
liquides, puis elle devenait dans l'herbe un
ruisseau. Quelquefois on entendait un brusque
froissement de feuilles, peut-être à cause de la
fuite à travers les halliers d'une gazelle ina-
perçue, ou comme si quelque nymphe, surprise
les jambes dans l'eau, s'échappait derrière un
arbre, dans un effarement qui secoue des perles
de rosée.

Au milieu de la clairière, sous les chaleurs
vermeilles du ciel, entre les balancements des
frondaisons lumineuses, pendant que les oiseaux
poètes de sa gloire voletaient au-dessus de lui,
Frédérick, fier et pur, adolescent comme un

éphèbe, ou jeune comme une vierge, dans sa longue robe de lin que serrait un corselet d'argent, un lambeau de pourpre à l'épaule, un casque aux ailes de cygne éployé sur son front, avait l'air de quelque beau prince mage revenant dans son royaume et de toutes parts salué par la nature fée.

Il marcha lentement vers un tronc d'arbre renversé, où l'on avait étendu des peaux de bêtes forestières, et là il se coucha, la robe traînante sur les herbes, le coude dans les fourrures, la tête appuyée à un bouclier d'argent gravé de runes talamasques, qui rendit un son clair quand s'y posa le casque ailé.

Pareil à un jeune dieu qui sommeille fatigué d'un combat, il rêvait, immobile et regardant vaguement remuer les grandes feuilles d'émeraude, palpiter les plumes envolées et resplendir le soleil, à travers l'ombre de ses cils rapprochés, qui faisait plus mystérieuse encore et plus lointaine la chimère des féeries.

Il y eut un bruit dans les ramures.

Coiffé d'une tête de louveteau où les yeux reluisaient encore, habillé d'un cuir fauve et bourru de poils çà et là, Karl s'avançait avec l'air de ces pages d'armes que les Ases prenaient en croupe pour s'en aller dans les batailles.

— Sire, voici votre mère.

Le roi frémit, comme éveillé d'un songe.

— Ah! dit-il, elle n'a pas refusé de venir, ici?

— La reine a hésité, d'abord; puis elle a murmuré : « Qu'importe! »

— Eh bien, je l'attends. Tu nous laisseras seuls.

Karl se retira et reparut bientôt, en soulevant les branches longues du saule qui retombèrent lentement, comme une tenture, derrière une grande femme pâle.

C'était la mère de Frédérick; le premier ministre du royaume de Prusse disait : « Si la reine Thécla était un homme, cet homme, avant deux ans, serait empereur d'Allemagne. »

Il y avait autour d'elle une espèce de respect qui s'écarte et ressemble à de l'épouvante. Depuis la mort de Joseph II, veuve d'un roi et d'un grand espoir peut-être, elle vivait solitaire, dans quelque château des montagnes, vers lequel on voyait, à certains jours, monter en ondulant des files processionnelles de nonnes et de moines, ou dans un cloître de la vallée, qui, planté sur une assise de rocs comme un autre escarpement et dressant sa vieille façade rectangulaire, au porche flanqué de canons, au fronton surmonté d'une croix, apparaissait comme une forteresse qui serait une église. A quoi songeait Thécla, seule ainsi, à l'écart de la vie? Nul n'aurait pu le dire précisément. Dans tous les conseils de tous les souverains d'Europe, parmi les hommes qui combinent le sort des nations, il y avait une inquiétude vague, inexprimée, constante, à cause des pensées de cette femme silencieuse, là-bas. Et jamais elle n'avait quitté l'une ou l'autre de ses retraites, sans qu'un grand événement religieux ou politique, sansd oute prévu et peut-être prémédité par elle, ne sortît en même temps du mystère de la destinée.

Elle avait cinquante ans. Maigre, osseuse, la peau couleur des vieilles cires, le front sans rides entre de longs bandeaux gris, les yeux nets et durs comme de l'acier noir, le nez viril, mince, qui se cambre en une courbe presque aussi roide qu'une cassure, et le menton très long sous une bouche ferme, aux lèvres blêmes, qui, même en parlant, semble ne pas s'ouvrir, elle était enveloppée, du col aux chevilles, d'une robe sombre, d'étoffe commune, qui descendait en longs plis droits; à cause de son attitude dominatrice, que contredisait la trivialité du vêtement, elle avait l'air d'on ne sait quelle morne servante à qui l'on obéit.

Dès qu'elle fut entrée, les oiseaux cessèrent de gazouiller des louanges; les frondaisons devinrent immobiles comme lorsque le vent se meurt, et la source tarit ses diamants fluides ; soit que la volonté du roi eût interrompu la fantasmagorie, soit que, par la réalité dure de sa présence, la reine eût dispersé la vanité des prestiges. Au-dessus d'un dôme de cristal coloré d'azur et teinté, par endroits, de nuées, le soleil n'était plus qu'une énorme boule d'or, aveuglée sous un passage de vraie lumière ; les arbres à l'écorce peinte en rouge avaient des feuilles de soie verte, où fauvettes et bouvreuils, tout à coup, comme tirés par un fil, s'étaient posés maladroitement, une aile mal refermée, dans un bruit de ressort ; parmi la laine un peu jaune des mousses, sur les petites étoiles blanches des pâquerettes en batiste, sur les muguets de satin, la fuite des lézards, qui ne courbait plus les plantes, s'était paralysée dans un accroc anguleux, et des sauterelles, à la pointe d'une tige de métal, se tenaient en l'air, tremblottantes. De tout le beau spectacle féerique, il ne restait plus que la laideur d'un décor sale, éteint.

La reine arrêta d'un geste son fils qui s'était soulevé sans doute pour qu'elle pût prendre place à côté de lui ; et, d'une voix qui avait la netteté d'un sifflement et qui pouvait faire songer au passage d'une faux rapide dans des fleurs :

— Reste, dit-elle, je parlerai debout. J'ai peu de mots à dire, écoute-moi bien. Frédérick I*er*, ton grand-père, fut obligé d'abdiquer, pour avoir livré le destin de la Thuringe au caprice d'une femme ; Joseph II, mon mari et ton père, est mort, peut-être pour avoir hésité dans la voie que je lui avais ouverte ; toi, Frédéric II, jeune homme qui rêves au lieu de régner et de vivre, quelle fin choisis-tu entre l'abdication et la mort ?

— Abdiquer ? mourir ? n'importe, dit le roi en se recouchant sur les peaux de bêtes. Mais qui parle de cela, madame ?

— Ta mère, qui sort de sa solitude pour t'avertir. Es-tu le monarque d'un royaume de la terre, ou le suzerain fantasque d'une île d'Avalon ? Il semble que l'on voit sur ton front, au lieu de la couronne de fer, lourde et pleine, des antiques Palatins, le diadème à clochettes d'un fou qui serait prince. Enfant, prends garde. Tu commandes à des hommes. Ta rêverie gêne l'action. Prends garde. La volonté de la Thuringe, proclamée par la Chambre, peut te contraindre à descendre du trône, et je te le dis moi qui vois et qui entends de loin, la Révolution remue et monte sous l'apathie apparente des foules, comme une mer sous des sables, qui soudain surgit et dévaste la rive et déracine les rocs

— Madame! dit fièrement le roi, si les députés du royaume me manquent de respect, je les chasserai d'un geste, et si mon peuple se lève contre moi, je me dresserai devant lui et refoulerai l'émeute... à coups de lance, ajouta Frédérick, puisque je suis un chevalier de la cour d'Artus, ou à coups de marotte, puisque je suis un fou.

— Il est quelqu'un que tu ne vaincras pas.
— Qui donc?
— Moi.
— Ah! vous êtes mon ennemie?
— Je vais le devenir. Celle qui, presque jeune fille encore, n'a eu qu'un sourire de dédain pour le père de son mari, renversé de son trône comme un ivrogne de son banc; celle qui, femme, femme aimante peut-être, n'a pas pleuré le faible époux inégal aux destinées, peut bien précipiter son fils s'il lui résiste ou la gêne.

— Je sais que vous êtes redoutable. Je sais que votre puissance, éparse et souterraine, tout à coup se condense et jaillit comme la lave d'un volcan qui s'ouvre un cratère inattendu. Mais à quoi bon l'exerceriez-vous contre votre fils, madame? Les femmes ne règnent pas en Thuringe, — il eut un petit pli de la lèvre où riait un peu de malice, — et qui donc, moi disparu, n'étant plus qu'un homme après avoir été un roi ou n'étant plus qu'un cadavre après avoir été un homme, qui donc mettrez-vous à ma place? Sera-ce mon grand-oncle, le prince Max, qui, gris de champagne, jonglait avec un obus vide et une bouteille pleine pendant que nos soldats mouraient sur les bords de l'Elster? Aujourd'hui, à soixante-douze ans, ce vieil enfant ivre joue les rôles de petits pages sur son théâtre de Vallersee, en compagnie d'une Sylvia en cheveux gris, princesse en Thuringe après avoir été figurante en Autriche. Choisirez-vous mon frère Welf? Il a l'habitude de s'habiller en archevêque pour se baigner dans l'étang du château des Sirènes, et de se mettre en chemise pour recevoir les ambassadeurs. Préférerez-vous le prince Christophe, plutôt centaure qu'homme et plutôt cheval que centaure? Dans la cour de son palais on a construit un cirque où sa femme, une ancienne écuyère, passe en jupe de gaze à travers des cerceaux de papier, pendant que, costumé en Hongrois, il fait claquer son fouet au milieu de la piste; son plus inquiet souci est de monter une jument noire les soirs d'orage, une jument blanche, les jours de neige, et, l'autre matin, à l'église, pressé de partir pour la chasse, il a crié au prêtre officiant : « Allons, hop! mon père! »

En vérité, madame, depuis Théodore V, qui, ayant cinquante favorites et quatre cents lévriers, mettait des rubans de perles au cou de ses chiens, et des colliers de fer au cou de ses maîtresses, nous sommes tous quelque peu fous dans la branche Albertine des Mittelsbach, et, des trois ou quatre insensés qui ont une apparence de droit à régner sur la Thuringe, je suis encore le moins extravagant, puisque je me borne à la belle fantaisie de me vêtir en héros ou en dieu, et au souriant caprice d'écouter, quand je ne puis entendre la divine musique de Hans, les jolies paroles chantantes des oiseaux que me fabrique un magicien de Nuremberg.

Le roi se tut en riant sous son casque héroïque, d'un joli rire d'enfant, presque de petite fille ; sans doute, cela le divertissait de taquiner sa terrible mère, un peu. La reine dit sèchement :

— Tu as oublié de nommer le prince Jean-Albert.

Frédérick devint très pâle, avec un retroussement de la lèvre.

— Il est pieux et sage, continua-t-elle.

— Je lui réserve une cellule de cloître !

— C'est lui que la Constitution désigne pour ton successeur.

— Il n'y a de loi que ma volonté !

— Ou la mienne.

— Ainsi, c'est de lui que vous feriez un roi ?

— Plus qu'un roi, Frédérick.

— Eh ! quoi donc ?

— Un empereur. Oh ! enfant, as-tu donc l'oreille si assourdie de musiques, et l'esprit si affolé de songes, que tu n'entendes pas monter le vœu profond des races, que tu ne comprennes ce que le destin élabore ? L'Allemagne, jadis colossale, s'est écroulée en ruines éparses. Usé, troué, lacéré, l'antique manteau impérial qui traîna sur l'Europe entière, s'éparpille en quarante haillons ; le diadème de fer, vendu à l'encan des batailles, a été rompu, mis en pièces et, de chaque pointe tordue, un roi, un prince, un duc, s'est fait une couronne, assez large, il est vrai, pour une tête de nain. Qu'est devenu l'empire des Karl, des Henri, des Othon ? demande au seigneur de Kniphausen, qui a moins de sujets qu'un pâtre n'a de brebis ; au prince de Lichtenstein, qui, entre deux repas, peut aller à pied de l'une à l'autre de ses frontières ; au grand-duc de Weimar, dont le duché est un jardin ; au landgrave de Hombourg, suzerain d'un tripot ! Et, pendant que l'Allemagne, déchirée, s'alanguit et succombe, l'héréditaire ennemie, la France, pleine de richesses et de fêtes, rit ! Elle danse et piétine, la belle nation vivante, sur les tronçons du cadavre germanique. Mais notre patrie veut se rejoindre, comme un tas de monnaies refondues se condense en lingot, et, rejointe, grandir ; elle veut être une et énorme ! L'heure, l'heure est prochaine : partout où sonne la langue allemande, le sol sera allemand, et nous reculerons nos limites jusqu'aux plus lointains des territoires où s'arrêta, par dédain d'autres conquêtes, l'émigration de nos ancêtres.

— Madame, c'est là ce qu'on rêve à Berlin, dit le roi.

— Pourquoi n'y pas penser à Nonnenbourg ? Au corps reconstitué de l'Allemagne, il faudra une tête ; pourquoi la nation capitale, au lieu d'être la Prusse, ne serait-elle pas la Thuringe ? Les Mittelsbach, je pense, valent bien les Hohenzollern ! et ce ne serait pas la première fois que notre famille convoiterait l'empire ; tout sanglant du meurtre de Henri de Franconie, Carloman Ier a failli s'asseoir sur le trône de Charlemagne. La Prusse, oui, a une armée redoutable ; mais si plus d'hommes sont avec elle, nous avons Dieu avec nous. Elle braque des canons, nous élevons la Croix. L'empire allemand, fait par la Prusse, serait luthérien, et maudit ; fait par la Thuringe, l'empire allemand sera béni, puisqu'il sera catholique. O jeune homme auquel il faut des rêves, en est-il un, parle, plus magnifique que celui-ci : recommencer l'histoire, relever le trône de Karl Ier en même temps que la chaire de Léon III, rendre les âmes à l'Église et les corps à l'empire, et, — pareil à ces géants couronnés qui, assis dans leurs fauteuils de marbre, rêvent au fond des légendes, le globe en main et les pieds dans la crinière d'un lion endormi — n'avoir en face de soi que le pape, au-dessus de soi que Dieu !

— Oui, ce serait beau, peut-être, dit le roi dont les yeux s'allumèrent à peine.

Il ajouta :

— Une telle gloire, d'ailleurs, ne peut pas être atteinte.

— Elle peut l'être ! s'écria la reine.

— Par quels moyens, ma mère ?

Elle courut à lui, s'assit sur l'arbre renversé. Elle n'avait plus le geste bref et rude, ni ce visage morne, qui, même dans l'enthousiasme de l'ambition, ne s'était pas animé, pas éclairé; elle essayait de sourire, d'être familière, maternelle; elle tendit les bras, comme avec une intention de caresse; elle dit, d'une voix presque douce :

— Comme tu es sage aujourd'hui ! Tu écoutes, tu t'intéresses aux choses qu'on te dit.

C'est très bien, mon Frédérick. J'ai été un peu brutale avec toi, tout à l'heure. Il ne faut pas m'en vouloir ; on m'avait irritée. C'est fini. Tu n'as pas cru, au moins, que je voulais te faire abdiquer, mettre Jean-Albert à ta place? A quoi bon, du reste, puisque te voilà raisonnable? Ainsi, plus de désaccord entre nous. Causons là, tous deux, comme une mère et son fils.

La reine Thécla continua, câline.

— Tu me demandes par quels moyens je te ferai empereur? Ne t'inquiète pas des moyens. Ce sont des combinaisons très nombreuses, très profondes ; tu n'y comprendrais pas grand'chose, enfant. La politique, n'est-ce pas, cela t'ennuie? Tu ne feras rien toi-même, rien de très difficile. Un beau jour, le jour où tu t'y attendras le moins, je te dirai : « Venez, Sire ! » et Ta Majesté impériale n'aura qu'à s'asseoir sur son trône! Tu sais, ajouta-t-elle avec un petit sourire qui seyait mal à sa lèvre froide, comme Henri l'Oiseleur au premier acte du Chevalier-au-Cygne! Ah! seulement, il faut que tu aies confiance en moi et que tu m'obéisses un peu.

— En quoi? demanda Frédérick, l'œil inquiet.

— Sois tranquille. Je ne te demanderai aucun

sacrifice pénible. La Chambre, on te l'a dit peut-être, veut que tu exiles Hans Hammer. Je ne suis pas de l'avis de la Chambre. Ce n'est pas un crime d'aimer la musique, un grand roi doit protéger les arts et les artistes. Il est vrai que tant de millions pour construire le théâtre, c'est beaucoup. La Thuringe s'appauvrit de jour en jour. L'impôt sur la bière est le plus sûr de nos revenus ; si les Thuringiens devenaient sobres, nous n'aurions plus d'argent du tout. Tu feras bien d'attendre un peu, pour le théâtre. On te le bâtira cent fois plus beau avec l'or de la France vaincue! En attendant, tu peux garder Hans Hammer : c'est un homme de génie ; je n'ai jamais dit le contraire, moi! et lui seul est capable d'écrire la Marche de ton Couronnement.

— Enfin, ma mère, que me demandez-vous?

— Presque rien! D'être moins farouche, de ne pas te cacher, de ne pas t'enfuir tout à coup. Tu mets souvent tes ministres dans une situation singulière ; il leur est difficile de délibérer en ton absence, même après m'avoir consultée ; il est nécessaire que tu sois là pour signer les décrets, les ordonnances ; le Conseil du royaume ne doit pas être présidé par un fauteuil vide !

— M. de Storckhaus est bien ennuyeux, madame.

— Un très bon serviteur ! Tu es injuste envers lui. Autre chose. Il convient que tu te montres à tes sujets, de temps en temps. Comment veux-tu qu'ils t'aiment, s'ils ne te connaissent pas ? Tiens, il y a deux mois, le jour de l'inauguration de l'Exposition internationale, tu n'étais pas à Nonnenbourg, tu étais allé chez ta nourrice, dans la montagne ; et c'est le prince Jean-Albert qui a présidé la cérémonie. On a beaucoup remarqué cela, je t'assure ; le peuple était mécontent. Songe que tu auras, bientôt peut-être, un grand effort à lui demander ! Il t'en coûte donc beaucoup de monter sur ton cheval blanc et de passer au milieu des foules ravies, en les saluant de la main ? Sois généreux, mon enfant ; il ne faut pas refuser la joie de voir ton visage à ceux qui auront l'honneur de te donner leur sang.

— Travailler avec mes ministres, me mêler à mon peuple ? Est-ce tout ce que vous exigez, ma mère ?

— Oh ! comme tu es rusé ! Tu devines que j'ai à te parler d'un très grave projet ? Écoute, et comprends bien. C'est tout à fait de la politique, ce que je vais te dire. Une seule chose t'empêche d'être un roi inébranlable, un empereur possible : c'est notre famille. Tu avais raison tout à l'heure ; ton frère, tes oncles, tes cousins sont des fous; les châteaux de la Couronne sont des asiles d'aliénés. A cause de cela, l'avenir est inquiétant. On se demande : « Après Frédérick, qui régnera ? » Et, pour ce qui est de l'empire, tu penses bien qu'il ne saurait appartenir à un prince ayant pour successeur le mari d'une écuyère ou le page de Mme Sylvia? Songe comme tout serait bien, au contraire, si le roi de Thuringe avait un héritier direct, ferme de corps et sain d'esprit, qui pourrait faire s'épanouir en dynastie impériale la race ducale et palatine des Mittelsbach !

Le roi s'était levé, un flot de pourpre au visage, et il dit, les lèvres tremblantes :

— C'est donc vrai ! vous voulez que je me marie !

— Justement, répondit-elle.

— Et c'est pour m'y résoudre que vous m'avez montré comme un appât éblouissant ce rêve de gloire et d'empire ?

— Est-ce que tu m'en veux ? Ah ! je comprends, tu t'imagines que je t'ai choisi pour femme quelque princesse allemande ou danoise que tu ne connais point, laide peut-être, ou sotte, que tu ne saurais aimer ; tu redoutes un de ces mariages comme les rois en font pour satisfaire à l'orgueil de leur rang, ou pour se ménager d'utiles alliances. Non, mon Frédérick.

J'ai pensé au bonheur de mon fils en même temps qu'à sa gloire. Mes flatteurs disent que je suis une grande reine, tu sais bien que je suis une bonne mère aussi ! Viens près de moi, tout près. On a dû te raconter que j'arrive de Berlin ? J'y suis allée, c'est vrai. Mais ce voyage n'a été qu'un prétexte, qui m'a permis de m'arrêter au château de Liliensée, et tu devines bien maintenant qu'elle fiancée je t'amène.

— Lisi ! cria le roi, la face plus rouge encore et les yeux écarquillés, fixes, comme si quelque horrible vision se fût dressée devant lui.

— Oui, l'archiduchesse Lisi. Tu es aimé d'elle, tu le sais bien, et toi-même...

— Taisez-vous, ma mère !

— Frédérick ! s'écria la reine, en se redressant, violente.

— Plus un mot, vous dis-je.

— Oh ! si tu refuses, prends garde !

— Je refuse, madame, et je ne tremblerai point. Que pouvez-vous contre moi ? M'arracher la royauté après m'avoir offert l'empire ? Faites. Vous me prendrez mon trône, soit ! Je garderai mon lit.

Il jeta ces paroles et s'enfuit entre les feuillages de soie et les écorces peintes. Des buissons qui s'ébouriffaient en épines fleuries s'écartèrent devant lui comme disjoints par des mains invisibles, et se refermèrent après son passage, pareils à une cloison de verdure.

Alors il s'arrêta, et, rose de fureur encore, tout essoufflé, il se mit à sourire pourtant, parce que là, devant lui, sous un pâle clair de lune, qui descendait d'un ciel semé de petites étoiles, un beau cygne, lentement traînait une nacelle d'or sur l'azur calme d'un lac.

Par quel miracle ce paysage nocturne rêvait-il, lointain, entre les parois d'un palais, tandis que le plein jour, sans doute, battait au dehors les murailles ?

Le frisson frais du soir, dans la clarté mélancolique, rebroussait doucement les neigeuses plumes du cygne, ridait l'eau claire de petits frémissements sonores, et faisait se heurter autour du lac les grêles lances des roseaux et se froisser leurs lattes lisses ; et tout l'arome vague, qui monte des verdures mouillées, qu'exhale l'encensoir à demi clos des fleurs, errait dans le souffle épars qui poussait et déchirait des nuées à travers les chevelures des herbes retombantes.

Frédérick, sur la rive, un peu penché, caressait le long cou du cygne, qui parfois ouvrait ses ailes comme deux voiles blanches.

Alors, du ciel où planait une lune estompée d'azur, de l'étang piqué d'étoiles, des roseaux qui tremblent, et du vent et des parfums, et des pâles lointains de brume, — comme si, dans le paysage, eût été répandu quelque invisible orchestre, — une musique émana, divine...

Ce fut d'abord une frêle mélodie, presque inentendue, indécise, et délicieuse, hélas! On eût dit que d'angéliques chanteurs, très loin, très haut, dans la vibration d'une ineffable clarté, ne voulaient pas se poser, même sur les cimes. Puis, peu à peu, avec la courbe lente d'un vol de plus en plus sonore, la céleste musique, toujours douce, se renforça, se développa, comme une approche intense de splendeurs, et enfin éclata, pareille à quelque prodigieuse aurore, dans un épanouissement de cuivres lumineux!

Frédérick écoutait, une joie d'extase aux lèvres, ayant des rayons pour regards. Peut-être voyait-il aussi! Quand tous les sens se dilatent et se fondent dans les délices d'entendre, la vue mêlée à l'ouïe perçoit des formes dans les sons. Et les anges descendus enveloppaient le roi du paradis ensoleillé de leurs ailes.

Mais, ainsi qu'un aigle, après avoir touché la terre, se renvole, l'éclatante musique, avec un éloignement de splendeurs, s'atténua, s'affaiblit, et, peu à peu, dans la fuite lente d'un vol de moins en moins sonore, ne fut plus, très loin, très haut, parmi les vibrations d'une ineffable clarté, qu'une frêle mélodie, indécise, presque inentendue, et délicieuse, hélas!

Alors Frédérick, après un instant de rêverie attristée, entra dans la nacelle et dit au cygne : « Va! » comme si, dans un voyage sur le beau lac pareil à un ciel étoilé, il eût espéré rejoindre les anges envolés qui l'appelaient, si faiblement, du haut du paradis.

Mais, bien que le cygne ramât des pattes, en offrant ses ailes au souffle, la barque dorée ne s'éloigna pas : une petite main la retenait au bord.

Lisi! s'écria le roi, pâlissant.

Une jeune fille était là, en effet. Toute rose, un peu grasse, sous ses courts cheveux blonds qui lui mettaient au front de jolies boucles folles, elle se tenait à genoux sur la rive, et tirait la nacelle, en riant. Et la mélancolie de la lune n'éteignait pas la pourpre jeune de sa joue, ni l'espièglerie de ses yeux vifs, ni la gaîté fraîche de sa bouche d'enfant.

— Oui, mon Frédérick, c'est moi, Lisi! Tu ne m'attendais guère? Me voici. Comme il y a longtemps que je ne t'ai vu! et il paraît, Sire, que vous êtes devenu très méchant, pendant ce temps-là. Tu ne sais pas ce que ta mère vient de me dire? que tu ne veux pas m'épouser. Mais je ne l'ai pas crue, pas du tout, pas du tout. Je sais bien, moi, que mon Frédérick m'aime. Il n'est pas venu me voir à Lilienbourg; il ne m'a pas écrit; mais c'est qu'on est très occupé quand on est roi. Ah! mon Fried, tu veux bien que je sois ta « petite femme », comme autrefois, tu te rappelles, dis?

— D'où viens-tu? Qui t'a permis d'entrer ici? Va-t'en, je veux être seul, va-t'en !

Et, en parlant ainsi d'une voix où il semblait que la colère eût peur, le roi saisit une rame et frappa l'eau violemment; mais, avant que se fût éloignée la nacelle, Lisi s'y était élancée, et, toute secouée d'un rire, elle se jeta sur la poitrine de Frédérick, pendant que la barque gagnait le large.

Haletant de je ne sais quelle épouvante, les mains sur les joues et sur la bouche, comme pour retenir un cri ou pour éviter un contact possible, il s'écartait, renversait la tête, voulait fuir; mais Lisi, son menton sur le bord du corselet d'argent, tenait le roi par les épaules, et, ses courtes boucles volantes, elle lui riait au visage avec sa fraîche bouche de rose épanouie.

— Oh ! que c'est vilain d'être sauvage ainsi ! On dirait que tu as peur? Je ne suis pas effrayée, moi; je me sens très heureuse. Ris un peu, pour me faire plaisir. Non? Je comprends, tu me boudes, parce que je suis venue te chercher jusqu'ici ; il ne faut pas me garder rancune ; c'est ta mère qui m'a dit : « Va, tu le peux. » Et puis, je l'avoue, j'étais curieuse de connaître ce coin du palais ; on en raconte tant de merveilles ! Oh ! c'est extraordinaire et très joli. Il semble que l'on vit dans un conte de fées. Si tu veux tu seras le prince Diamant et je serai la princesse Perle ; et à la fin de l'histoire, les deux pierres précieuses feront un bel anneau de fiançailles ! Mais tu es habillé en Chevalier-au-Cygne ? Alors, je me nomme Elsa. Dis, mon Fried, est-ce que c'est un vrai ciel, là, sur nos têtes, et une vraie lune, et des étoiles véritables ? Ici, il est minuit ; dehors, il est midi. De l'eau, ce lac ? Un oiseau, ce cygne ? Non, n'est-ce pas ? Tu sais, continua-t-elle un peu moins gaie, je suis très contente de voir cela, je suis inquiète aussi. Il y a quelque chose qui me gêne dans le plaisir que j'ai. Peut-être parce que ces belles choses ne sont pas naturelles. Enfin, c'est du mensonge qui nous entoure ? Ce ne doit pas être bien de contrefaire ainsi la création divine. Il n'est pas permis, sans doute, d'avoir un autre ciel que le ciel. Tu connais l'histoire de l'Ange mélancolique et révolté qui, ayant vu l'Eden, en voulut faire un à son tour ? C'est à ce paradis diabolique que doit ressembler le paysage où nous sommes. Il est tout pareil à la réalité des plaines, des eaux, du soir ; mais on éprouve, à le regarder, un malaise qui serre le cœur et le glace. Oh! vois-tu, c'est que Dieu n'est pas ici. Et toi-même, mon Fried, tu es comme si tu n'existais pas à la façon des autres hommes. Tu es différent. Je ne suis pas bien sûre que tu me voies, ni que tu m'entendes. Peut-être tu n'es pas plus Frédérick que ces astres ne sont des étoiles. Tu vis, toi aussi, de la vie menteuse que tu as donnée aux choses. Oh! mon bien-aimé, rappelle-toi la belle campagne vraie où nous courions ensemble, les grands arbres baignés de chaleurs dorées ou pâlissants de lune, et le bon souffle frais de l'espace, qui mêlait nos cheveux! Que la nature était vaste et douce! Ici, l'on est comme des âmes en cage. Il faudra retourner à Liliensée. C'est là que l'eau est pure et claire, et reflète tout le ciel! Dis, te souviens-tu de ces roseaux penchés sur le bord de l'étang qui nous faisaient un toit de verdures tremblantes, et où nous étions comme dans une maisonnette de feuilles et de soleil? Une bonne odeur montait de la terre mouillée, et le vent nous apportait, avec la fraîcheur de l'eau les petits cris des hirondelles qui rasent l'onde et la chanson des laveuses, là-bas!

Maintenant il l'écoutait, plus attentif, moins effrayé. Il avait baissé la tête vers ce jeune visage rose où le rire frivole s'était fondu en un sourire un peu triste, presque plaintif. Il se souvenait, certainement. Il avait dans les yeux comme un consentement attendri.

Lisi vit bien qu'il n'était plus ni fâché, ni sauvage. Toute joyeuse, elle s'écria en frappant des mains :

— Te voilà comme je te veux et comme je t'aime :

Et elle lui sauta au cou, lui mettant ses lèvres aux lèvres.

Il bondit en arrière, les cheveux secoués, farouche, pareil à un homme qu'une vipère a mordu.

— Oh ! malheureuse folle, laisse-moi !

— Frédérick ?

— Laisse-moi ! Va-t'en !

— Qu'ai-je fait de mal ? répondit-elle en essayant de lui prendre les mains. Est-ce que ta bouche n'est pas celle de mon fiancé ?

— Tu t'en iras, te dis-je !

Et, après l'avoir repoussée d'un geste dur, il se baissa pour prendre la rame, voulant regagner le bord ; mais elle la saisit avant lui et la jeta dans le lac dont l'eau rejaillit dans un éparpillement d'étincelles.

— Tu l'auras donc voulu ! cria le roi en étendant le bras avec un geste qui commande.

Comme si ce mouvement eût été un signal, un fracas formidable ébranla le paysage lunaire. Pendant qu'un lourd nuage, déchiré d'éclairs, et d'où sortait un grondement de tonnerre, envahissait le ciel en éteignant l'azur et les étoiles, de brusques rafales de toutes parts se ruèrent à travers les roseaux fracassés et firent du lac paisible une mer orageuse dans l'ombre, où la barque ballotée montait et descendait parmi le bouleversement de l'onde.

Lisi jeta un cri de détresse en se cramponnant à la robe du roi ; lui, calme, il se tenait debout, forme pâle au milieu des ténèbres ; et il n'y avait de clarté qu'aux ailes d'argent de son casque.

Puis, sous un lourd paquet d'eau, la nacelle chavira, tourna, sombra. Plus rien n'était visible dans la tempête, que la blancheur palpitante du cygne qui, retenu par la chaîne d'or, planait sur le tumulte du lac, comme l'écume ailée des vagues.

III

Toute petite, Lisi habitait un grand château qui était sur une montagne.

D'abord elle avait vécu dans le palais du margrave son père, à Kranach. Le margrave mourut de chagrin, pour avoir vu s'éteindre à vingt ans la margravine, une princesse de la maison d'Autriche, qu'il aimait tendrement, bien qu'elle fût sa cousine et sa femme. Il n'avait pas eu d'autre enfant que Lisi ; en revanche, il avait beaucoup de parents, à Dresde, à Vienne, à Nonnenbourg, à Berlin ; de graves diplomates, mandataires de ces parents, se réunirent autour d'une table à tapis vert ; ils décidèrent à l'unanimité qu'il serait scandaleux de voir une souveraine de six ans — c'était l'âge de Lisi — régner à Kranach, même sous l'autorité d'un conseil de régence, et que les Etats du défunt devaient faire retour à ses collatéraux. L'entente s'établit moins vite lorsqu'on en vint à distribuer les parts de l'héritage. C'est d'un bon accord que les corbeaux se précipitent sur le cadavre, mais il leur arrive de se quereller au moment où les becs vont dépiécer la chair. Enfin on finit par s'accommoder ; la Saxe voulut bien se contenter de Fulde, parce qu'on y fabrique de la porcelaine ; le cercle de Neustadt, à cause de ses beaux lainages, fut réclamé et obtenu par l'Autriche : la Thuringe, pays catholique, s'adjoignit Blankenheim où il y a une belle église, et la Prusse prit Kranach même, sans donner de raison, pour prendre. Il va sans dire que l'on ne songea pas un instant à consulter le peuple du margraviat, que ces arrangements de famille ne pouvaient intéresser en rien. Quant à Lisi — la petite archiduchesse, comme on disait en souvenir de sa mère autrichienne, — on lui laissa le domaine de Lilienbourg, château écroulé en ruines au milieu d'un parc devenu forêt, au-dessus d'un lac changé en marécage. Mais l'air y est très bon, à cause des montagnes. D'ailleurs, on se promit d'avoir l'œil sur elle. Elle grandirait, cette petite, et, jeune fille, épouserait peut-être quelque prince ou quelque duc capable de revendications fâcheuses. A moins que, vers quatorze ou quinze ans, elle ne fût prise d'une violente vocation religieuse ; ce qui serait fort agréable à Dieu et aux hommes. Il y a de nobles couvents où les nonnes de grande race deviennent vite abbesses, et ne gênent plus personne. En même temps qu'un vieux château, on donna à Lisi — sous le titre de première dame d'honneur — une vieille gouvernante qui portait un scapulaire à son cou, un cilice sous sa robe, et qui se réveillait quatre fois chaque nuit pour prier sainte Elisabeth de Hongrie, à qui elle était particulièrement dévote.

Ce qui aurait fait le désespoir d'une autre enfant, fit la joie de Lisi.

C'était une grasse petite fille, aux grands yeux qui regardent en face, aux bonnes joues toutes rouges, pas farouche, turbulente, jamais en place. Elle avait été bien gênée, naguère, à Kranach, dans l'étroitesse de l'étiquette, il lui fallait déjà prendre des airs de jeune souveraine, donner sa main à baiser, gravement, à des gens tout chamarrés d'or qui la saluaient avec un respect très convaincu. Comme elle avait envie de rire, quelquefois, au visage de ces vieux-là! Il y avait surtout un chambellan, avec un nez tout rouge, à qui elle aurait été si contente de pouvoir tirer la langue! mais des personnes sévères lui disaient : « Oh! Altesse! »

Maintenant, elle s'évadait des contraintes. Le lendemain de son arrivée à Liliensée — dont on avait, tant bien que mal, réparé l'aile droite —

elle fut tout de suite à son aise, comme chez elle, dans les ruines, dans les bois, dans l'espace. Elle ne s'effraya ni de la sombre et morose demeure, ni de la blême gouvernante, renfrognée aussi, qui passait lentement, et sans bruit, dans les corridors, comme le revenant du château; elle éparpilla dans toute la mélancolie environnante son éclat de rire d'enfant, et elle trouvait aux choses la gaîté qu'elle y mettait. Puis la petite paysanne qu'il y avait dans cette petite princesse — qui sait? une méprise entre deux berceaux, peut-être? — s'extasiait des arbres où l'on grimpe en déchirant sa jupe, de la terre grasse où l'on enfonce jusqu'aux chevilles, des touffes d'herbe que l'on arrache à pleines mains et qui vous barbouillent le nez de leurs odeurs mouillées. Ce fut comme l'épanouissement d'une fleur tirée de serre et transplantée en plein sol, comme l'envolement d'un oiseau, hors de la cage, en plein air. Vaguement, elle concevait qu'on lui avait fait tort; il y a dans les enfants une petite justice à laquelle il faut prendre garde; oui, elle sentait qu'on l'avait dépouillée, renvoyée, presque enfermée; mais, dépouillée, de quoi? de luxes et de pompes, trop lourds pour elle, comme un manteau d'or; renvoyée, d'où? d'une prison; enfermée, où? dans la liberté.

Ah! comme c'était plus amusant de courir dans les champs au soleil que de rester assise, les coudes au corps, sur une espèce de petit trône! Elle riait aux éclats. Plus de couronne? elle mit des sabots.

Sa gouvernante, Mlle Arminia Zimmermann, lui fit plus d'une remontrance à propos de ces allures peu dignes d'une Altesse. On voulait bien que Lisi n'eût plus de principauté, mais on voulait aussi qu'elle conservât des façons princières, qu'elle gardât les ennuis, sinon les avantages de son rang. Imaginez une perruche à qui l'on a retiré son perchoir, parce qu'il était d'or, et qu'on tient toujours attachée, par une vilaine ficelle, à un piquet de bois.

Lisi, qui portait très haut sa petite tête depuis qu'il n'y avait plus de diadème dessus, se révolta avec une gaminerie effrontée. Et vraiment, c'était bien le moins qu'on la laissât jouer, puisqu'on ne la laissait point régner. Elle déclara tout net qu'elle prétendait s'amuser à sa guise, qu'elle ne resterait pas enfermée dans l'oratoire, un endroit très ennuyeux, qu'elle se roulerait dans l'herbe quand cela lui ferait plaisir, et qu'elle déchirerait sa robe aussi souvent qu'il lui plairait. Mlle Arminia, épouvantée, fit le signe de la croix; Lisi répondit par un pied-de-nez et s'en alla chercher des nids dans les broussailles des vieux remparts. La gouvernante eut bien l'idée de lui courir après, mais elle se souvint de ses jambes ankylosées par l'habitude de l'agenouillement. Élle se résigna donc, dans une dignité solitaire. Les gens du pays disaient que les ruines de Lilienbourg étaient hantées par deux esprits d'espèce tout à fait différente : une Dame-Noire, Arminia, et un lutin, Lisi.

De la cour d'honneur du château, elle avait fait une basse-cour; des pigeons nichaient dans les antiques murailles escaladées de lierre ; des poules becquetaient les mousses entre les dalles défoncées, où d'imprudents lézards venaient se chauffer au soleil; il y avait, dans une mare grasse, des escadrilles de canards barbotants ; des dindons de moire noire pesamment se prélassaient en laissant pendre la molle peau rouge de leur jabot, pendant que, les ailes batantes, à la pointe d'un éboulement pierreux, un coq de pourpre et d'or hérissait dans le soleil sa crête, avec un rauque cocorico; et c'était un assourdissement de bruits qui piaillent, cliquettent, crient, gloussent, roucoulent, un enveloppement de plumes ébouriffées qui se pressent et palpitent et veulent voler, lorsque Lisi, sa jupe courte entre les genoux, ses manches retroussées, — tout l'air d'une petite fermière — éparpillait hors d'un panier plat l'avoine et le maïs que se disputaient à terre des querelles de pigeons, ou que le coq happait en l'air dans un vif sursaut d'ailes ! Une fois, l'une des poules, un très joli oiseau exotique, blanc, avec une huppe de plumes dorées, eut l'air de devenir malade ; elle se tenait à l'écart, faisait la boule, mettait la tête sous l'aileron, et même elle n'ouvrait pas le bec quand Lisi, agenouillée et baissant le cou, lui offrait sa petite lèvre où il y avait des grains de mil. Très soucieuse, car précisément cette poule était sa préférée, l'archiduchesse s'avisa tout à coup d'un étrange moyen de guérison ; elle prit la pauvre bête dans une main, doucement, et, d'un seul coup de ciseaux, lui coupa la huppe dorée, qui était une espèce de petite couronne. Le lendemain, la poule sautelait joyeusement, les plumes lisses, et caquetait plus haut que toutes les autres. « C'est comme moi », pensait Lisi.

Dans la vallée, de l'autre côté de la montagne, il y avait un hameau. Pas de plus grande joie pour la fille du margrave que d'aller jouer avec les petites villageoises, avec les petits villageois aussi. On lui avait pris ses sujets ; elle en retrouverait d'autres, moins grands, qui lui plaisaient mieux. D'abord ceux-ci ne la respectaient pas du tout ! et elle n'était pas obligée de leur donner sa main à baiser. Pourtant elle exerçait une espèce d'autorité. Justus lui-même, le fils du maître d'école, — bien qu'il eût onze ans et que ce fût un petit homme sérieux, toujours le nez dans des livres, — subissait l'influence de Lisi ; si bien que, sur un signe d'elle, il n'hésitait pas à hasarder sa dignité jusqu'à escalader les murs pour aller lui cueillir des branches de lilas ou de petites pommes vertes dont elle était très friande. Mais ce n'était point à sa naissance qu'elle devait cette suprématie ; elle avait la souveraineté légitime du mérite : tout ce jeune monde l'adorait et lui obéissait parce qu'elle était bien la plus turbulente et la plus espiègle diablesse que l'on eût jamais vue. Elle savait toutes les belles rondes, abondait en inventions de jeux, imaginait toujours quelque nouvelle farce ; on peut dire que, pendant trois ou quatre ans, il ne fut pas attaché une seule casserole à la queue d'un chien, ni déraciné une tulipe dans le jardin du maître d'école, ni épinglé une seule plume de paon à la redingote du pasteur, sans que Lisi fût l'auteur ou eût été le conseiller du délit. Et c'était elle qui organisait les longues escapades à travers plaines et bois, où l'on s'en allait par bandes pareilles à des volées bavardes de passereaux, et d'où quelquefois on ne revenait qu'à la nuit montante, les cheveux pleins d'épines, les lèvres noires de mûres, jupe ou culotte en loques. Les mères, naturellement, grondaient, oui, mais on s'était si bien amusé.

A vrai dire, les mères avaient raison ; ces courses prolongées n'étaient pas sans péril, comme on le verra par la terrible aventure qui arriva une fois à Lisi et à ses compagnons.

Ils s'en retournaient vers le village, le long d'une lisière toute rougie et dorée par le coucher du soleil, — elle, sautant à cloche-pied, essoufflée, rose de plaisir, ses boucles au vent, ayant sur les bras un tas d'herbes et de fleurs sauvages ; les autres, derrière elle, un peu las, mais ravis, et traînant de longues branches d'arbre qui faisaient un bruit de soie déchirée, — lorsque, tout à coup, huit ou dix petits hommes masqués sortirent furieusement d'entre les arbres et enveloppèrent les vagabonds en criant :

— La bourse ou la vie !

Vous pensez la peur que l'on eut ! Garçons et fillettes, avec des cris et des gestes d'effarement, se serraient les uns contre les autres comme des oisillons dans un nid ; il y en avait qui s'étaient mis à genoux et tendaient les mains en demandant qu'on ne leur fît pas de mal ! Seule, Lisi, avançant sa mignonne figure espiègle parmi les fleurs en touffes, était plutôt étonnée qu'effrayée; elle voyait que le plus vieux des bandits n'avait guère que douze ou treize ans, et qu'ils portaient tous de belles vestes de soie et de velours, avec des broderies dessus. Jamais elle n'avait entendu dire que l'on rencontrât sur les chemins des voleurs aussi jeunes et aussi bien habillés que ceux-ci.

Pourtant il se pouvait qu'il y eût quelque danger, car les assaillants, à qui leurs masques noirs donnaient un air fort tragique, braquaient sur la bande effarouchée de petits pistolets qui étaient probablement des joujoux, mais qui étaient peut-être de véritables armes. Lisi jugea donc à propos d'entrer en composition avec les brigands, et, moitié riant, moitié fâchée, elle dit à celui qui devait être le chef, puisqu'il était plus grand que les autres et que sa veste était la mieux brodée de toutes :

— Moi, monsieur, je vais vous donner une pièce de six kreuzers : c'est tout ce que j'ai, et les autres n'ont rien du tout. Mais, enfin, avec six kreuzers vous achèterez des gâteaux et des cerises. Prenez la pièce, et laissez-nous passer, s'il vous plaît.

Le chef haussa les épaules, en signe de mépris.

— Six kreuzers! s'écria-t-il. Voilà une belle

somme, en vérité. Il serait plaisant, terre et cieux ! que des gentilshommes de notre espèce se fussent dérangés pour un aussi piètre butin ! Si **vous n'avez** pas d'argent, eh bien ! nous vous garderons prisonniers jusqu'à ce que vos familles nous aient fait parvenir une **rançon convenable**, quatre ou cinq mille thalers, par exemple. Allons, en route, venez avec nous dans la forêt ; le Capitaine décidera de votre sort.

— Mais, dit Lisi, c'est donc sûr que vous êtes de vrais voleurs ?

Les petits hommes masqués parurent très offensés de ce doute ; pour bien établir leur qualité de malfaiteurs, ils se mirent à rudoyer de la parole et du geste les camarades de Lisi, qui, tremblants et pleurnichants, et disant : « Ah ! maman ! Ah ! mon Dieu ! » finirent par former une file étroite entre la double haie des bandits féroces et graves, le pistolet au poing ; et l'on se mit en route parmi les branches vertes, çà et là roses de soleil, qui s'écartaient devant le passage de la troupe et se rejoignaient vite dans un frémissement de feuilles.

De temps en temps, Lisi, qui était au premier rang, tournait la tête vers ses compagnons ; d'un geste ou d'une parole, elle essayait de les consoler ou de leur faire reprendre courage ; elle avait un peu de l'air d'un général vaincu, qui, par sa noble attitude, veut relever le moral abattu de son état-major.

On arriva dans une clairière où de petits chevaux blancs, aux chabraques de velours, paissaient les herbes fleurissantes, mordillaient l'écorce des arbustes; il y avait, au pied d'un très vieux chêne, un enfant masqué aussi, qui était couché sur les mousses, une joue sur un poing, avec l'apparence de songer profondément ou de dormir à demi.

Certainement celui-ci était le maître de tous les autres, car il portait un magnifique habit de satin couleur de feu, galonné de passementeries de perles; des crosses de nacre, incrustées de pierreries, scintillaient à sa ceinture, et sur sa toque s'ébouriffait un remuement de plumes rouges et d'or, pareil à un bel oiseau qui se serait posé là.

Au bruit des pas dans la clairière, il tourna les yeux vers les arrivants, et d'une voix un peu lente, où l'on aurait pu deviner l'habitude et aussi l'ennui du commandement :

— Eh bien! lieutenant Karl, demanda-t-il, quelle nouvelle et qui sont ces gens? Répondez.

— Mauvaise prise, capitaine, répondit le lieutenant Karl, celui des brigands que l'archiduchesse avait pris pour le chef. Ces paysans affirment qu'ils possèdent pour toute fortune...

— Six kreuzers! interrompit audacieusement Lisi pendant que ses compagnons, groupés derrière elle comme frileusement, considéraient de tous leurs yeux écarquillés le beau capitaine mieux emplumé et plus splendide qu'un faisan des bruyères. Oui, six kreuzers! et je pourrais bien les garder, puisqu'ils sont à moi et non à vous. Enfin, je les donne, parce qu'on nous attend chez nous.

Le capitaine s'était levé.

— Vous mentez, petite, dit-il.

— Fouillez-moi! répondit-elle.

— Vous avez autre chose.

— Quoi donc?

— Ces fleurs.

Et, un mélancolique sourire aux lèvres sous la soie noire du masque, le capitaine désignait les belles herbes qui fleurissaient par touffes jusqu'aux yeux de Lisi; car elle s'était bien gardée de les lâcher malgré le brouhaha de l'aventure.

— Mes fleurs!

— Offrez-les-nous; ce sera votre rançon.

— Oh! je veux bien! s'écria-t-elle. Et la pièce de six kreuzers, vous n'en voulez pas?

— Non.

— Ah! mais, vous êtes de drôles de voleurs, savez-vous!

En pouffant de rire, elle jeta le gros paquet de fleurs à la tête du capitaine, qui fut tout enveloppé, des plumes de sa coiffe aux éperons de ses bottes, d'un éparpillement de pâquerettes, de bleuets et de boutons d'or accrochés aux passementeries de l'habit; et, comme il se secouait en riant lui aussi, mais à peine, il eut l'air d'un joli arbuste remué du vent, qui laisse tomber ses fleurs et ses feuilles.

Ceci fut un signal de bonne humeur générale ; les villageois, s'apercevant que les choses prenaient une bonne tournure, et les bandits eux-mêmes, mis en gaîté par l'air moins triste de leur chef, se débandèrent avec des exclamations de joie; il n'y avait plus ni prisonniers ni gardiens, mais une troupe d'enfants joueurs ; une petite fille s'étant avisée d'arracher une poignée d'herbes et de la lancer, à l'imitation de Lisi, au nez du lieutenant Karl, d'autres suivirent cet exemple ; et ce furent bientôt dans la clairière, entre les poneys blancs qui se mirent à hennir, parmi les broussailles, autour des arbres, des courses, des poursuites, des fuites, des bonds, toute une bataille de rires et de gestes fous, où les haillons achevaient de se déchirer aux broderies de soie sous une avalanche éparse de fleurettes envolées.

Le lieutenant Karl s'écria :

— Écoutez !

Les enfants s'arrêtèrent dans la surprise immobile du jeu interrompu.

— Eh bien ! quoi ? dit Lisi, ses cheveux dans les yeux, une sueur rose aux joues.

— Silence, écoutez.

En effet, un bruit de pas réguliers et nombreux sonnait au-delà des branches, tout près, sur la route.

Le lieutenant Karl reprit en baissant la voix :

— Attendez, sans faire de bruit. Je reviens.

Il se jeta entre les arbres suivi par l'étonnement de tous les petits yeux écarquillés, et reparut bientôt, effaré, haletant.

— Nous sommes perdus !

— La police ? s'écria Lisi.

— Qui donc vient ? demanda le capitaine.

— Le gouverneur !

— Seul ?

— Oh ! non. Il est seul, dans une calèche, mais il y a des gens, beaucoup de gens qui le suivent.

— Lieutenant, nous nous défendrons !

— Contre vingt ou trente hommes ?

— Je le disais bien, qu'il nous aurait fallu une caverne !

— Nous n'en avons pas trouvé ! et, en quatre jours, il eût été difficile d'en creuser une.

— Faudra-t-il donc fuir? dit le capitaine, d'une voix sourde, le menton dans la main.

— Nous n'en avons pas le temps. Écoutez! Ils font halte; le lieu de notre retraite a été révélé par quelque traître; nous allons être enveloppés.

— Oh! dit le chef, ses petits poings aux dents.

Mais Lisi, qui ne comprenait pas grand'-chose à ce qui se passait, qui devinait seulement que ses nouveaux amis étaient en péril, intervint.

— Monsieur le capitaine, est-ce que vous pourriez, au lieu d'une caverne vous contenter d'un château?

— Un château?

— Oui.

— Et lequel, petite?

— Dame, le mien.

— Vous avez un château, vous?

— Puisque je vous le dis. Ah! il n'est pas bien beau ni bien neuf! Mais vous pourrez toujours vous y cacher.

— Une ruine?

— Très vieille.

— Avec des souterrains?

— Profonds, noirs, terribles!

— Karl! s'écria joyeusement le capitaine, il y a des souterrains.

— Cela vaut cent fois mieux qu'une caverne! répondit Karl. Hâtons-nous. Est-ce que vous n'entendez pas? On dirait que l'on marche sur l'herbe en écartant les branches.

— Eh bien! venez dit Lisi.

— Oui, dit le capitaine. Ce n'est donc pas loin, cette ruine?

— Non, pas loin.

— Et nous n'aurons pas besoin de suivre la grande route?

— Il y a un sentier. Mais c'est vrai que des gens vous cherchent! Oh! je crois qu'ils approchent. Allons! Monsieur le capitaine, en route.

Elle s'engagea vivement dans la forêt, suivie en tumulte par tous les petits hommes et toutes les petites femmes; ce fut comme une disparition dans la profondeur des branches d'une troupe d'oiseaux en alarme.

A la vérité, l'archiduchesse n'était pas sans inquiétude, en dépit de son air résolu; il y a quelque chose de grave à cacher des personnes poursuivies par la police; Lisi songeait aussi à la mine redoutable que ne manquerait de faire Mlle Arminia Zimmermann à l'aspect de ces étrangers. Oui, mais la mine de Mlle Arminia, elle ne s'en souciait guère; et enfin on ne peut pas laisser prendre de jolis brigands tout de soie habillés qui ont refusé de voler une pièce de six kreuzers et avec qui on a joué dans les bois.

Après une assez longue marche presque silencieuse à travers les fougères et les troncs de jeunes chênes, les fugitifs se trouvèrent dans une plaine toute baignée d'ombre crépusculaire, et, en face d'eux, sur une haute colline escaladée de sapins, les ruines de Lilienbourg s'érigeaient, difformes et sombres dans la pâleur du ciel encore bleu.

— Une forteresse! s'écria le capitaine.

— Nous la mettrons en état de défense, dit le lieutenant Karl.

— Oui, dit Lisi, allons.

Après avoir congédié les enfants du village qui s'étaient engagés gravement à ne parler à personne de cette aventure — promesse qui fut tenue, ou ne le fut pas — la petite archiduchesse se mit à la tête des brigands et commença de grimper le sentier qui s'enroule autour de la colline et aboutit enfin à la porte ruinée de l'antique château. En même temps que les enfants, la nuit montait la côte, noircissant les verdures, mêlant les roches à l'ombre, éteignant comme sous un voile de silence les gazouillis des nichées et les cliquetis épars des insectes dans l'herbe ; et la ruine

18*

elle-même, peu à peu submergée par la marée des ténèbres, amolissait ses angles durs, s'estompait, se fondait dans la grisaille du ciel ou mourut la lueur d'une dernière nuée rose.

Maintenant, à cause de la mélancolie du soir, — on dirait que le serein tombe sur les âmes comme sur les corps, — une sorte de gêne, qui était presque de la peur, envahissait les fugitifs; plus de bavardages à mi-voix; des têtes courbées, des bras ballants. Lisi elle-même se taisait, prise d'une vague appréhension. Heureusement, on apercevait déjà l'énorme porche de Lilienbourg, qui bâillait, tout noir, entre des amoncellements de granit écroulé, sous de sombres verdures; elle n'avait pas l'air bien hospitalier, la vieille porte; plus d'un enfant songea peut-être à la gueule d'un ogre de pierre; mais cette ouverture de gouffre était le but, et l'on avait hâte de se fourrer là-dedans; on voulait être arrivé, n'importe où.

— Oh! s'écria Lisi.

Et tous les arrivants reculèrent avec des cris et des gestes d'effroi.

C'est que, soudainement, des lueurs sanglantes de torches s'étaient allumées dans le bâillement de la porte; et elles se précipitaient vers les enfants, rebroussées par l'air, pareilles à des noyaux rouges de petites comètes qui auraient des queues de fumée et d'ombre.

— Sont-ce vos serviteurs qui viennent au-devant de nous? demanda le capitaine.

— Je n'ai pas de serviteurs, dit Lisi stupéfaite.

Cependant, sous la rougeur des torches, on distinguait des visages et des dorures de livrées.

— Nous sommes pris! cria Karl. Ce sont les gens du gouverneur.

— Impossible! comment seraient-ils arrivés ici, avant nous?

— Eh! je ne sais pas. Ils nous auront suivis, puis devancés. Par la grande route. Le gouverneur était en calèche, et les domestiques auront couru. Enfin, ce sont eux, voyez!

Il avait à peine achevé ces mots, qu'un cercle de grands valets élevant des branches de pin flambantes, se forma autour des brigands rassemblés en un groupe craintif; Lisi se mit à pleurer à chaudes larmes, parce qu'elle avait peur qu'on fît du mal à son bel ami, le capitaine.

Mais les porteurs de torches ne paraissaient pas avoir des intentions hostiles ; ils s'inclinèrent d'un air de respect et se tinrent courbés dans un immobile salut. Lisi n'aurait jamais pensé que ce fût l'habitude des gens de police d'être si polis à l'égard des voleurs.

Elle fut bien plus étonnée encore, lorsqu'elle vit un vieux gros homme, tout chamarré de dorures — il la fit songer à ce chambellan de la cour de Kranach, qui avait le nez rouge — s'avancer, avec les marques d'une profonde humilité et, la tête basse, mettre un genou en terre devant le chef des bandits.

— Oh! Monseigneur! Monseigneur! dit-il d'une voix fort convenablement émotionnée, combien je suis aise de retrouver enfin Votre Altesse? Quelle inquiétude. Elle nous a donnée pendant quatre longs jours! Se peut-il qu'Elle n'ait pas réfléchi aux tourments que cette escapade causerait à une mère et à tant de dévoués serviteurs? Ah! voilà le fruit des mauvaises compagnies. Combien de fois n'ai-je pas conjuré mon auguste élève de refuser sa confiance à des pages frivoles, et surtout à ce petit démon de Karl, que, l'autre jour encore, j'ai surpris, dans le jardin de la Résidence, déclamant avec emphase les *Brigands*, de Schiller, une exécrable tragédie, bonne seulement à pervertir le cœur et l'esprit? Enfin, aujourd'hui, tout s'achève heureusement; et je m'imagine que Votre Altesse ne sera plus tentée de courir les bois en compagnie de ces maudits pages, comme un détrousseur de passants; j'espère aussi qu'Elle me rendra bon témoignage des ménagements dont j'ai usé dans ces difficiles circonstances. Tout à l'heure, déjà, j'aurais pu m'emparer de Sa personne; mais il y aurait eu un grand scandale, à cause de tous les petits villageois qui étaient là. J'ai préféré venir vous attendre ici, et Votre Altesse voudra bien apprécier...

— Assez! dit le capitaine, d'une voix fière, en retirant son masque.

— Oh! qu'il est joli! s'écria Lisi.

— Je prie M. de Storckhaus de m'épargner ses reproches et ses protestations! Sans doute on lui a donné l'ordre de me ramener à Nonnenbourg, dès qu'il m'aurait retrouvé? Eh bien! il eût suffi de me dire cela. Je suis prêt, partons.

— Si Monseigneur veut bien l'avoir pour agréable, nous ne partirons que demain.

— Pourquoi?

— Il se fait tard; un voyage nocturne pourrait être pénible à Votre Altesse.

— N'êtes-vous donc pas pressé d'apaiser les inquiétudes de ma mère? dit le petit homme, la lèvre un peu relevée, avec un air d'ironie.

— Ces inquiétudes seront bientôt dissipées; je viens d'expédier un courrier à Nonnenbourg.

— Fort bien, Monsieur. Mais où coucherons-nous cette nuit?

— Ici même, selon l'intention de Votre Altesse.

— Dans cette ruine ?

— Dans les souterrains, peut-être ? demanda le lieutenant Karl en avançant sa tête d'enfant railleur, toute franche et réjouie.

— Ce château, qu'on appelle Lilienbourg, reprit gravement M. de Storckhaus, appartient à l'archiduchesse Lisi, et Mlle Arminia Zimmermann, première dame d'honneur, m'a fait l'honneur de me dire qu'elle serait heureuse d'offrir l'hospitalité à Votre Altesse.

— Eh bien ! entrons, Monsieur.

Et le petit capitaine, que ses compagnons suivaient d'un air assez penaud, s'avança sous le sombre portique entre la double haie des torches.

Mais Lisi lui courut après.

— Alors, comme ça, vous n'êtes pas un voleur ?

— Non, dit-il.

— Comment est-ce qu'on vous appelle ?

— Frédérick.

— Et puis ?

— De Thuringe.

— Le prince Frédérick ! dit-elle.

— Oui.

Elle pouffa de rire.

— Ah! voilà qui est drôle, par exemple!
— Quoi donc?
— Vous êtes mon cousin. Eh! oui, puisque je suis Lisi, moi, vous savez bien, la fille du margrave qui est mort?

Et, toujours riant, la petite archiduchesse sauta au cou de son royal cousin.

L'installation de cette bande d'enfants dans la vieille demeure ne fut pas une chose aisée; Lisi offrait de partager sa chambre avec Frédérick; on parvint difficilement à lui faire comprendre ce qu'il y avait de malséant — pour une princesse — dans une telle proposition; elle gardait de la basse-cour et des bois des souvenirs de perchoirs et de nids communs; elle s'en alla dans un coin, boudeuse. Enfin, Mlle Arminia céda son oratoire au prince de Thuringe, et Karl, avec les autres pages, dormit dans les souterrains en effet. Ils y gagnèrent un rhume, mais ce fut une belle nuit de tragédie romantique.

Le lendemain, M. de Storckhaus trouva bon de ne pas se mettre en route avant d'avoir reçu les ordres de la princesse Thécla. Le courrier revint, apportant une lettre; la mère de Frédérick approuvait le gouverneur d'être resté à Lilienbourg, le priait d'y demeurer pendant quelques jours encore avec son élève, la présence d'un enfant ne pouvant être qu'un fâcheux embarras au milieu des graves événements qui troublaient la ville de Nonnenbourg.

De graves événements, en effet, que suivirent des catastrophes.

Depuis deux ans, la belle Mona Kharis jouait les Pompadour à la cour de Thuringe, après avoir joué les sylphides au théâtre de la Porte-Saint-Martin. Il avait suffi au vieux Frédérick Ier de voir une seule fois cette fantasque fille pour en être totalement affolé, et, à cause de la façon dont elle dansait le fandago, il lui avait fait donner, par la reine elle-même, le grand cordon de chanoinesse de l'Ordre de Thérèse. Amoureuse et extravagante, elle extasia et stupéfia la morne Thuringe; elle la ruina aussi, en se ruinant elle-même, car, plus tard, elle a pu dire : « Quand je suis arrivée à Nonnenbourg, j'avais cent mille francs, mais le roi me les a mangés! » Enfin, à force de se faire donner des titres et des sommes, des châteaux et des palais, à force de jouer avec les ministres comme les enfants jouent avec des capucins de cartes, à force de cravacher les soldats et les bourgeois qui ne la saluaient pas assez vite, elle finit par avoir contre elle presque toute la cour et presque toute la ville. Aussi libérale que libertine, elle avait, il est vrai, chassé les jésuites et aboli la censure; mais les Thuringiens ne lui surent aucun gré de cette ligne politique; ce peuple ne voulait rien devoir à cette fille. Une chose mit le comble à l'irritation commune : Mona Kharis, que les étudiants à casquettes bleues, noires, vertes ou jaunes, chansonnaient volontiers en heurtant les cruches de bock-bier, s'avisa de fonder une confrérie d'étudiants à casquettes rouges — jeunes nobles pour la plupart, qui étaient prêts à mourir pour elle parce qu'elle avait des étoiles dans les yeux, et parce qu'elle avait l'habitude de de les recevoir, le matin, toute chaude encore de l'alcôve, dans une robe de dentelle si transparente qu'on eût dit un brouillard traînant sur de la neige et des roses. Naturellement, les Casquettes Rouges étaient vues d'un mauvais œil par les Casquettes Jaunes, Vertes, Noires ou Bleues; de là des injures, des algarades, des duels. Mona Kharis fut brave ! Un soir que quelques-uns de ses fidèles étaient cernés par leurs rivaux dans un cabaret des faubourgs, elle accourut en robe de bal, se jeta dans la mêlée, à travers les cris : *Pereat meretrix! Pereant scortatores!* et, le pistolet au poing, elle chargea au premier rang des Casquettes Rouges, pendant que le comte de Hirschtein lui portait la traîne de la jupe, qui la gênait dans la bataille! Mais le peuple se mêla de l'aventure; la querelle devint une émeute qui grossit en révolution ; c'était le temps où soufflait de France un vent de colère et de liberté. Mona Kharis dut quitter Nonnenbourg, nuitamment, dans une berline où quatre agents de police lui tinrent lieu de courtisans, et son vieil amant abdiqua la couronne en disant : « Quand la loi est si peu respectée que le peuple pénètre de force dans la maison de son roi, tout ce qu'on a de mieux à faire, c'est de prendre son congé et de s'en aller. » Il est vrai que, si Frédéric Ier n'avait pas pris son congé, on le lui aurait donné, infailliblement. Mais les Thuringiens usèrent peu de leur victoire; ils s'étaient délivrés d'un roi, ils n'osèrent pas se débarrasser de la royauté ; et Joseph II, fils du vieillard exilé et mari de la princesse Thécla, s'assit sur le trône de Thuringe.

Parmi ces bouleversements, la princesse ne s'inquiéta guère de l'enfant bizarre qui s'en était allé jouer les Karl Moor et les Schinderannes sur les grand'routes, en veston de satin feu ; une fois reine, elle ne s'en soucia pas davantage; elle avait un autre fils, le prince Welf, qui n'avait pas encore contracté l'habitude de se vêtir en archevêque pour se baigner dans la pièce d'eau du château des Sirènes, ni de se mettre en chemise pour recevoir les ambassadeurs. Puisque Frédérick était à Lilienbourg, il pouvait y rester ; il voulait de la liberté ? eh bien ! on lui en donnait ; et l'air frais des montagnes éteindrait l'effervescence de cette petite cervelle. Des arrangements furent pris avec les diplomates qui s'étaient institués les tuteurs de l'archiduchesse Lisi ; quelques travaux de maçonnerie rendirent à peu près habitable l'aile gauche du vieux château ; et c'est là que dut loger le petit prince, seul, car ses pages, mauvais conseillers d'équipées, avaient été rappelés à Nonnenbourg. La reine Thécla, qui regardait au loin dans l'avenir, entrevoyait-elle déjà la possibilité d'unir son plus jeune fils à l'héritière déshéritée du margrave de Kranach ? Peut-être. Quoi qu'il en soit, M. de Storckhaus fut médiocrement satisfait de la tournure que prenaient les choses. Gouverneur d'un prince, à la cour d'une grande capitale, c'est une situation que l'on peut envier ; il est moins flatteur d'être, dans une ruine, le gardien d'un enfant farouche. Le digne pédagogue se résigna pourtant. Il avait, grâce à Dieu, un défaut, ou une qualité, qui lui permettait d'occuper ses loisirs. Du Neckar à l'Isar, il n'existait pas un être vivant capable d'absorber des quantités de victuailles, comparables à celles dont M. de Storckhaus s'enflait quotidiennement la panse. On citait de lui des exploits gastronomiques qui rendaient croyables les légendes faméliques des ogres dévorateurs. Comme Mlle Arminia Zimmermann s'était fait un oratoire à Lilienbourg, il s'y installa une gigantesque cuisine. La gouvernante priait, le gouverneur mangeait, le temps passait ainsi. Quant à Lisi et à Frédérick, ils avaient, pour divertir l'ennui de la solitude, tous les oiseaux qui chantent dans les bois, toutes les libellules qui frissonnent sur l'eau ensoleillée du lac, et les beaux nuages blancs qui traversent le ciel.

Elle s'en amusait; lui, non; ou, du moins, il n'avait pas l'air de prendre plaisir à ces choses; et même il souriait tristement, avec un air de regarder sans voir, quand la petite archiduchesse lui montrait, toute ravie, entre les épines vertes du chemin, un liseron renversé où une abeille, frémissant et tintant, avait l'air du battant d'or d'une petite clochette.

C'était un enfant mélancolique, qui se tenait à l'écart, pensif, avec l'air de vouloir se garer de la vie; il y avait, dans la timidité furtive de ses gestes, dans l'attitude presque toujours détournée de sa tête, dans le regard de ses yeux vagues, qui, tout à coup se fermaient comme éblouis d'un jour trop vif, un désir sensible d'éloignement, de fuite, de disparition. Où qu'il fût, il éprouvait, évidemment, le besoin farouche d'être ailleurs. Pareil à quelqu'un qui arrive de très loin, il avait, au milieu de toutes choses, l'air étrange d'un étranger.

Comme il était très pâle, et tremblait souvent d'un frisson brusque, on disait qu'il avait les fièvres. Oui, les fièvres, peut-être.

Il se tenait d'ordinaire dans une vaste chambre au plus haut étage de l'aile gauche. Presque pas de meubles; pas un miroir. Le jour, à travers les rideaux sombres des fenêtres, mettait une poussière grise sur les murs de pierre, sur le tapis d'une grande table ronde; et cette pièce morne, où, comme un brouillard invisible dans la pénombre, des froideurs montaient des dalles et descendaient des poutres, semblait avoir été la salle, depuis longtemps abandonnée, d'un hôpital dans une prison. Lui, maigre, blême, face un peu longue, qui s'effile, il rôdait toute la journée autour de la grande table; tournant par instants la tête et hâtant soudain le pas, — comme s'il avait eu peur d'être suivi et mordu aux jambes par une bête sortie de derrière le tapis; tressaillant quand un rayon trop vif, quand un bruit trop proche, grincement d'une roue sur la côte, coup de cognée d'un bûcheron, ou le chant clair d'un oiseau, perçait l'épaisseur des étoffes, — comme s'il avait craint que les lueurs et les sons du dehors ne fissent du mal à l'ombre effarouchée, au mystérieux silence qu'il avait au fond de lui.

Quelquefois, au contraire, un furieux amour de la lumière et du bruit, de toute la vie éparse dans toute la nature, s'emparait de lui soudainement. Ses boucles défaites, de la pourpre aux joues, de la flamme aux yeux, il se précipitait hors de sa solitude, criant à Lisi : « Viens ! » Et il l'emportait à travers les bois et les roches, s'élançait aux branches, retombait dans les herbes où il se roulait ravi, et, humant les bonnes odeurs de la terre, aspirant les vastes chaleurs du ciel, il avait l'air d'un jeune poulain échappé ! Mais, bientôt, les rougeurs de ses joues s'éteignaient, pareilles à des roses qui fondraient dans de la neige ; il laissait retomber ses bras, languissamment ; il regardait autour de lui, avec une tristesse craintive, comme s'il ne voyait plus ce qu'il avait cru voir tout à l'heure, ayant aussi dans le regard le mépris de l'aspect réel et le repentir de l'illusion. Il s'enfuyait, écartant d'un geste brutal Lisi, qui s'écriait : « Hélas ! qu'as-tu donc, Fried ? » et, de retour dans la chambre déserte, il se remettait à tourner autour de la table, les yeux presque fermés, plus pâle.

Il grandit dans cette apathie rarement secouée de crises. Écoutait-il des voix dans son silence? Avait-il des visions dans son ombre? Non, pas encore; ou du moins il ne pressentait que des sons lointains, paroles d'aucune langue, il n'entrevoyait que des formes très vagues, aussi vite évanouies qu'apparues. Ce qu'il éprouvait d'une façon un peu précise, c'était le sentiment d'une vacuité profonde, et la tristesse de ce néant. Son âme était comme ces paysages où rien n'apparaît ni ne chante, et qui semblent vides, à cause de la nuit; mais ils ne sont qu'obscurs, et il suffit que l'aube se lève pour qu'ils se révèlent, tout verts de fraîches feuillées ou tout jaunes de blés mûrs, avec leurs rivières que secoue en mousses de neige la roue bavarde du moulin, avec leurs chaumes d'or qui s'allument sous un gazouillis réveillé d'oiseaux, au penchant brumeux des collines!

Ce furent les poètes qui firent le jour dans l'âme de Frédérick.

D'abord il les avait lus, sans joie, toujours sombre; étant trop jeune, il ne leur avait dû que d'incertaines rêveries, qu'un puéril amour des chimères. Dès qu'il les comprit, il s'extasia, et se comprit lui-même. Ce qu'ils espéraient, ce qu'ils aimaient, il démêla soudain qu'il l'avait toujours espéré, aimé, sans avoir pu s'en rendre compte. Il fut comme un aveugle à qui luit tout à coup une lumière jusqu'alors ignorée, qu'il imagine reconnaître pourtant, que maintenant il lui semble avoir attendue, comme si la réalisation lui révélait la nature du désir qu'il n'avait pas cru avoir. Oui, lorsqu'il eut conçu l'Idéal, Frédérick sentit que c'était bien là la forme et la splendeur de sa propre pensée, si longtemps confuse et ténébreuse. Il mêla délicieusement son âme aux âmes des poètes : c'était comme une jeune sœur que ses sœurs aînées enseigneraient en chantant. Tous les rêves lui appartinrent! Il fut le jeune Adam des féeriques Edens, le conquérant au casque d'or des Eldorados fabuleux. Il écouta avec Klopstock les conversations des anges qui se parlent d'une étoile à l'autre; il descendit dans la beauté sinistre des enfers, où les Virgiles mènent par la main des Dantes, et s'envola dans la clarté paradisiaque où sont les Béatrix. Les larmes tragiques des amoureuses, il les pleura en lisant Schiller; le front sur le livre de Gœthe, il murmurait, pour quelque fiancée inconnue, les paroles d'Hermann à Dorothée, le soir, dans la venelle qui descend le coteau. Oh! maintenant, il ne voulait plus rester solitaire et morose! Puisque c'était de ces joies et de ces douleurs plus belles que des joies, et de ces amours et de ces gloires, qu'était faite ici-bas la vie, il oserait vivre, lui aussi ! Comme les héros des chers poèmes, il triompherait dans les combats où les armures étincellent au soleil, et il aimerait les pures et fières demoiselles que l'on voit aux fenêtres des châteaux, un peu penchées, comme de grands lys ! Oui, aimer, aimer surtout ! Et un matin, voyant venir à lui, sous des lilas en touffes d'où pleuraient des rosées, Lisi toute rose et blanche, avec son rire et son odeur de printemps, il courut à elle en lui tendant les bras et en criant : « Je t'aime ! » Et Lisi : « Moi, je t'aimais », répondit-elle.

C'était vrai, elle l'aimait, depuis bien des jours ; l'amour, qui s'était épanoui en lui tout à coup, avait germé longtemps en elle, y avait fleuri déjà. Depuis la rencontre dans la clairière, elle s'était éprise, enfant, de cet enfant, parce que c'est très joli d'être un chef de bandits quand on est si jeune, et à cause de la plume qu'il avait sur sa coiffe. Puis, joyeuse et si vivante, elle s'était étonnée des tristesses où il languissait; et tout ce qu'on éprouve — même l'étonnement — ajoute, lorsqu'on aime déjà, à l'amour que l'on avait. Elle en était venue à l'admirer parce qu'il était morose, craintif, fuyard ; ce sont les plus beaux papillons que l'on n'attrape jamais; de tous les oiseaux, ceux qui chantent le mieux sont ceux qui se montrent le moins. Convaincue qu'il ne pouvait avoir tort, elle s'en voulait de ne pas être mélancolique et sauvage comme lui, et se jugeait moins bonne, parce qu'elle était meilleure. Elle avait essayé d'être triste aussi ; elle n'avait pas pu ; elle riait comme les fleurs embaument, comme l'eau jase sur les cailloux, par une loi naturelle. Mais elle s'efforçait d'avoir l'air très grave quand il la regardait ; et, bien souvent elle se tenait assise sur l'une des marches tournantes qui montaient vers la retraite de Frédérick, écartant les importuns, disant aux gens qui traversaient les chambres d'en bas : « Fermez tout doucement les portes ! » pour qu'aucune présence, pour que pas un bruit même ne vînt interrompre la longue rêverie du petit prince pâle, dans la salle déserte où il ne pensait à rien peut-être, pendant qu'elle pensait à lui, sur l'escalier.

Dès les premiers aveux échangés, ils furent deux âmes ravies, éperdument, délicieusement confondues. Lui, dix-sept ans, elle, quinze, ils étaient comme deux petites églantines sur une même branche, l'une ouverte déjà, l'autre bouton encore, mais toutes proches et n'ayant qu'un seul parfum. Leur double joie, éclose un matin d'avril parmi l'adolescence des rosées, des

feuillées et des cieux légers, s'accordait si bien
à la grâce tendre des choses, lui était si ressemblante, que l'on n'aurait pu dire si c'était un
amour dans le printemps ou le printemps lui-
même dans de l'amour épars. Ils connurent les
longues promenades, la main dans la main, en
silence, pendant que le lever de l'aube met à
l'horizon un sourire de rose, et pendant qu'un
autre jour qui se lève dans les cœurs met aux
lèvres un sourire pareil. Parfois, Lisi s'échappait, courait comme une enfant, revenait vite,
essoufflée, tenant des violettes et des muguets,
tout près de sa bouche, dans ses mains jointes
qui semblaient un nid de floraisons ; « en
veux-tu, dis ? » criait-elle, et les primevères
étaient si proches des lèvres, qu'il ne savait si
elle lui offrait des baisers ou des fleurs. La
jeune nature éprise s'émerveillait de voir sourire au rire de cette enfant, ce beau jeune
homme, un peu pâle, les yeux bleus d'un rêve
pur, et, dans les bruissements des feuilles,
dans les fuites chantantes des ailes, tout se
fiançait, les branches reverdies et les oiseaux
revenus, autour des deux fiancés.

Pourtant, si doux et si tendre qu'il fût, Lisi
s'étonnait toujours de lui, un peu. Il était singulier encore, quoique charmant. Il lui disait
d'ardentes choses, presque terribles, tant elles

étaient étranges. Comme naguère il l'avait parfois entraînée à travers les bois et les roches, furieusement, il l'emportait à présent dans des rêves si hauts qu'elle s'y sentait prise de vertiges, et qu'elle avait peur vraiment. Pourquoi s'inquiétait-il de tant de chimères lorsqu'ils avaient tant de joies réelles? Puisqu'il est si exquis de vivre où l'on est, à quoi bon s'efforcer de vivre par la pensée où l'on ne saurait être? Toute profondeur, même céleste, est un gouffre, et l'on s'y perd; il ne faut plus se perdre quand on s'est trouvé. Dieu nous a mis sur terre, pour que nous y restions ; ce sont les fleurs, et non les étoiles, qu'il faut songer à cueillir. Pourtant elle n'osait pas lui faire des reproches, n'osait même pas s'avouer qu'elle aurait pu lui en faire. Il avait raison sans doute, puisqu'il était si beau! et elle n'était, elle, qu'une petite fille qui n'entendait rien aux grandes choses. Quand il s'écriait, avec des gestes éperdus, les yeux comme ébloui de visions lointaines : « Clorinde ! je suis Tancrède. Ouvre à Dante les portes du paradis, Béatrix ! Marguerite, file au rouet pendant que Mephistophélès m'emporte sur la pente des abîmes! » elle ne disait pas non ; obéissante, elle consentait à ces jeux fantasques ; tour à tour, elle se faisait hardie comme une guerrière ou agitait dans la lumière, comme une sainte, une palme d'or qui fait signe, ou avait l'air de filer près de la fenêtre comme celle qui attend l'amant disparu, en se souvenant des baisers. Mais elle aurait préféré qu'ils fussent Frédérick et Lisi, tout simplement.

Il y avait, au bord du lac, une petite voûte de roseaux où l'eau lente venait, poussée d'un souffle, mouiller le sable. Un peu avant la fin du jour, pendant que Mlle Arminia Zimmermann priait dans son oratoire et que M. de Storckhaus surveillait dans la cuisine les préparatifs du souper, les deux enfants avaient coutume d'être ensemble, là ; et ils avaient l'air, se parlant tout bas, rapprochés et câlins, de deux oiseaux qui se lissent l'un à l'autre les plumes dans une cage de verdure et de soleil.

Une fois, Frédérick laissa passer l'heure du rendez-vous ; il s'était attardé à considérer deux beaux nuages qui se poursuivaient à l'horizon ; celui-ci tout reluisant comme d'une armure d'or, celui-là tout sanglant comme d'une blessure, on eût dit le duel dans les airs du Dragon et de l'Archange ; puis les deux nuées s'évanouirent. Frédérick se hâta vers le lac.

Il approchait, écartant les vimes, de la petite voûte de roseaux, il entendit un remûment glissant d'herbes froissées. « Elle est arrivée », pensa-t-il. Il pressa le pas, sans bruit pourtant, afin de la surprendre, se faisant une fête de la peur souriante qu'elle aurait et de son joli cri effarouché, quand il apparaîtrait soudain.

Il tendit le cou, vivement, entre les lattes des roseaux.

Il demeura stupide, les prunelles élargies, la bouche béante.

Il regarda longtemps, sans haleine, s'accrochant aux roseaux pour ne pas tomber, avec l'air de quelqu'un qui contemple l'horreur d'un gouffre.

Puis, tout à coup, il s'enfuit, rapide, effaré, les bras en arrière, comme s'il avait voulu écarter la poursuite d'une vision. A travers champs, à travers bois, parmi les hautes herbes, entre les épines des broussailles, il s'élançait, les boucles rebroussées ! Dans l'emportement de cette course, il trébucha contre un quartier de roche. Il s'y laissa choir, harassé, et, la tête entre les mains, il se mit à sangloter longuement et douloureusement.

Ce qu'il avait vu, au lieu de la chère et pure Lisi, c'était une fille de village, grasse, suante et débraillée, et sa jupe de cotonnade en l'air, se livrant à un robuste garçon qui lui tenait les épaules entre ses grosses mains.

En quelques minutes de contemplation

effrayée, il avait, tout gonflé d'un immense
dégoût, appris les vils mystères des sexes et la
hideur sale de l'accouplement.

Quoi! telle était la femme, et tel était l'amour?
C'était à cette chose immonde qu'aboutissaient
enfin les rêves et les tendresses? Derrière les
sourires des vierges, et leur pudeur rougissante,
derrière les hardis dévouements des jeunes
hommes épris, il y avait cette ordure? C'était
à une telle boue que conduisaient les pentes
du Paradis! Tous, les chastes guerrières et les
beaux chevaliers, les fiancées qui baisent une
petite fleur pendant que les fiancés, partis pour
quelque voyage, leur écrivent à la lueur de
l'étoile choisie, et les fées des poèmes et les princesses des tragédies, devant qui s'agenouillent
les Obérons et les Xipharès, tous, ces déesses,
ces dieux, ces anges — car l'homme ressemble
à l'homme et la femme à la femme — finissaient
par être les porcs de la même auge!

Il se révolta contre cette idée. Il n'était pas
possible que la sublimité des songes fût doublée, en tous temps, en tous lieux, chez tout
être vivant, de cet accomplissement ignoble.
Il ne croyait pas, il ne voulait pas croire que
l'élan de la passion vers l'idéal ne tendait, en
effet, qu'à cette réalisation basse et laide.
Quoi! c'était cela que Roméo demandait à

Juliette? Ce que Saint-Preux attendait de Julie, ce que Virginie aurait donné à Paul si elle n'était pas morte sur la grève, ce que Claire ne refusait pas à Egmont, c'était cela, c'était cela ! O déchéance ! O turpitude ! L'ange n'ayant qu'un but : être la bête ; la neige n'ayant qu'une pente : devenir la boue ! il se disait : « Non, non, ce n'est pas vrai ! » Mais l'évidence des analogies s'imposait à sa pensée. Tout diamant avait cette tare ; toute liqueur avait cette lie. Les Séraphitas même sur les froides cimes blanches, comme les Vénus dans les chaudes roses, étaient marquées de l'infâme macule, et, entre elles et la grasse fille de campagne, femelle qui exige et qui subit le mâle, il n'y avait que des différences de beauté, à peine sensibles dans l'ordure commune, que les degrés du moins vil au plus abject, dans l'immonde toujours! Oh ! il détestait les poètes à présent, car il ne voyait plus en eux que les complices de la réalité. Ils étaient les trompeurs des esprits, ceux qui jettent des parfums sur la pourriture, afin de la faire aimer. Par l'envolement des rhythmes, par le vague des images, ils donnaient des ailes à toutes les pesanteurs, ils vaporisaient en âmes la bestialité des chairs ! Dupes eux-mêmes? non ! menteurs. Pourquoi nommaient-ils les lèvres avec des noms de roses, pourquoi chantaient-ils les yeux avec des mots aussi bleus que le ciel? Les plus bas étaient les moins coupables, les obscènes avaient raison, ceux-là du moins ne trompaient personne, ne cachaient pas les pièges; c'étaient des porcs sincères, contents de leur pâtée, et disant : « C'est bon ! mange avec moi ! » Mais les plus purs, ceux qui, à force de s'élancer hors de l'humanité, nous apparaissent presque dieux, étaient les plus criminels. Qui leur demandait de faire fleurir des paradis de chastes délices sur les flancs et entre les seins des femmes? O cruels tentateurs ! Le flanc conçoit et enfante, le sein se gerce sous la dent, et allaite. Ce n'est pas vrai que les cheveux soient faits de soleil et d'or, et que le satin des peaux soit comme celui du lys, et que les larmes aient la claire fraîcheur des rosées et des perles! La bouche bave sous la limace du baiser. Les enchantements de la poésie, environnant et dérobant le vrai, sont des guirlandes autour d'une charogne; et la lèvre qui s'aproche, affamée de parfums et de fleurs, s'écarte tout à coup, pleine de vers et d'ichor, et débordante de nausées.

Alors, il détesta Dieu. Pourquoi les choses étaient-elles ainsi? Si les mystérieux desseins de la nature ou du créateur inconnu exigeaient qu'un attrait puissant précipitât l'homme sur la femme, opérât l'union des sexes, pourquoi la source de cet attrait n'était-elle pas autre ? Pourquoi ce qui devait être désiré n'était-il pas autre ? Pourquoi ce qui devait être désiré n'était-il pas désirable ? Dans quel but fallait-il que la satisfaction s'achevât en écœurement ? Est-ce que Dieu, qui a fait les roses et les oiseaux, et le bleu adorable du ciel, n'aurait pas pu donner à la femme, réellement, le charme des fleurs, des ailes et du bel azur ? L'attirance n'eût pas été moindre parce que son objet eût été plus pur. L'homme, avec une ivresse égale et sans crainte de l'inévitable dégoût, eût engendré dans la fraîcheur immaculée d'un calice. Pourquoi la bouche que l'on baise est-elle la bouche qui mange ? Mais la méchanceté de Dieu avait condamné les mortels à se réjouir dans l'ignominie, à se plaire dans la fange. « Cherche ta joie parmi ton ordure ! » Et tous subissaient la dégradante loi, et c'était sans doute — inconsciemment mais véritablement — du désir qui pousse le chien vers la chienne, et qui avait accouplé la fille et le garçon sous la voûte de roseaux, c'était de ce désir, non, de cette instinct, qu'était fait l'amour dont il s'était senti pénétré, enivré, lui, Frédéric, pour Lisi !

Pendant qu'il songeait de la sorte, les yeux fixes, la lèvre tordue, un genou entre les mains, les chaleurs du soir d'été pesaient sur les lourdes branches, faisaient s'épanouir en forts aromes les crevassements du sol et les herbes pâmées où les cliquetis des insectes semblaient les pétillements d'une flamme invisible; il y avait sous les arbres comme un étouffement de fournaise à demi éteinte, et des chuchottements de feuilles et de nids mouraient dans le silence. Tout imbu du dégoût de sa vision récente, et plein d'une pudeur qui tremble, Frédérick s'effarait au milieu des chaleureuses langueurs de l'air, entendant, dans les caresses des feuilles remuées, des bruits d'attouchements, et sentant, des écorces et des plantes, monter de sales odeurs de sexe.

Il y eut, tout près, un frémissement de branchages. Il se retourna. Lisi était là, riante.

Elle lui fit horreur; il s'échappa dans le bois.

Comme il approchait de Lilienbourg, il rencontra son gouverneur qui le cherchait, et qui lui apprit, la bouche encore pleine, d'importantes nouvelles : Joseph II était gravement malade; le prince Welf, depuis quelque temps, donnait des signes évidents de folie; la reine Thécla ordonnait que Frédérick, héritier probable du trône, revint sur-le-champ à Nonnenbourg.

Le gouverneur ajouta :

— Votre Altesse trouvera bon, je pense, de partir dès demain ?

Frédérick resta muet. Avait-il entendu ? Il baissa la tête, dans un accablement profond. La maladie de son père, la folie de son frère aîné, — deux sombres événements; c'était cette double douleur, sans doute, qui lui courbait le front. Quand M. de Storckhaus eut demandé : « Dois-je donner des ordres pour le départ? » le prince ne répondit que par un geste vague, ennuyé, comme pour dire : « Eh! que sais-je? attendez, rien ne presse », et il rentra silencieusement dans le château.

Il s'enferma dans sa chambre. La nuit, plus noire à cause de l'épaisseur des rideaux, tapissait de ténèbres les murs froids de la salle, prolongeait dans les angles de sinistres lointains. Il se mit à rôder autour de la table, ainsi qu'il le faisait jadis, le cou ployé, les bras ballants. Parfois il s'arrêtait, avec un frisson brusque, comme si tout à coup, dans l'obscurité de la chambre ou dans celle de sa pensée, il s'était rencontré face à face avec quelque ideuse apparition. Puis, machinalement, pareil à un automate de qui on aurait remonté le ressort, il poursuivait sa mélancolique ronde.

Dans quel cercle de mornes rêveries son esprit, comme son corps, tournait-il ?

Derrière la porte d'entrée, il se fit un petit bruit. Frédérick eut peur. Il devinait que c'était Lisi qui était là. Inquiète de lui, à cause de l'air brutal qu'il avait eu, le croyant malade peut-être, elle venait s'informer, lui dire : « Dormez bien, mon Fried ! » Il ne se souvenait plus s'il avait poussé le verrou. Elle allait sans doute entrer vivement, avec son rire, une lampe à la main. A l'idée de cette lumière et de cette joie qui surgiraient là, devant lui, Frédérick, tout tremblant, se ramassait sur lui-même, comme un enfant qui se fait petit quand on lui parle d'un monstre qui va venir le prendre. Mais Lisi n'entra point, soit qu'elle n'eût pas osé, soit que la porte fût close en effet. Un glissement fuyant d'étoffe sur les pierres.

Frédérick, respirant comme après un danger, reprit sa marche circulaire.

Les heures passaient. Personne ne devait plus être éveillé à Lilienbourg. Il y avait dans l'ombre et le silence du sommeil répandu. L'horloge d'une église sonna onze coups, lentement.

Alors Frédérick marcha vers la porte, l'ouvrit et se mit à descendre, à tâtons, l'escalier tournant.

Une bouffée d'air frais lui sauta au visage,

lui passa dans les cheveux; il entrait dans la vieille cour d'honneur dont Lisi avait fait un poulailler. Dans la clarté que versaient les étoiles, les sombres grimpaisons des lierres escaladaient les ruines pâles; çà et là, sur des branches d'arbres fruitiers et dans des fentes de murailles, des bruits de plumes qui s'ébouriffent, des éveils de roucoulements.

Frédérick poussa une barrière à claire-voie. Il était dans l'écurie. Il flatta de la main un cheval du Tyrol, tout blanc, qui hennit en secouant sa crinière. Il le sella rapidement, revint dans la cour qu'il traversa en tirant la bête par la bride; puis, violemment, il monta en selle, et, serrant les genoux, levant les rênes, précipita sa monture épouvantée sur la descente roide de la côte, dans un tourbillon de poussière et d'éboulements pierreux; la blanche crinière envolée du cheval était dans les ténèbres comme l'écume d'un torrent.

Où allait Frédérick? Il ne savait pas, il fuyait.

Il fuyait Lisi, et ce château détesté où il avait été en proie aux rêves menteurs, et ces bois où pullulaient les humains et les bêtes; il s'évadait de la vie qu'il avait vécue jusqu'à ce jour; il fuyait surtout Nonnenbourg, où on voulait le ramener, où on voulait qu'il fût roi!

Roi ! lui ! roi des hommes et des femmes ! Non seulement il faudrait qu'il restât parmi ceux qui se vautrent dans la bassesse des sens, mais il faudrait qu'il fût leur chef ! Il serait l'un des maîtres de cette humanité qui lui apparaissait désormais comme un grouillement obscène de fornicateurs et de prostituées ! On prétendait faire de lui le bouc de ce troupeau, le taureau de cette étable, l'étalon de ce haras ! Qu'était-ce qu'un roi ? Le ruffien couronné d'une immense maison publique. Il fuyait, plein de dégoût.

Son cheval s'abattit. Frédérick roula dans les pierres, se redressa, les mains sanglantes, regarda autour de lui. Il ne reconnut pas le lieu où il se trouvait. C'était un étroit sentier, entre des sapins, au flanc d'une montagne ; jamais, dans ses courses, il n'était venu ici. Il s'approcha du cheval qui, étendu sur le sol dur, soufflait stupidement. Il voulut le forcer à se relever ; la bête, harrassée, demeura inerte, et geignit. Il y avait donc bien des heures que Frédérick avait quitté Lilienbourg ? Il avait donc fait beaucoup de chemin déjà ? Pourtant c'était la nuit encore ; les branches sombres de la sapinière, hérissées entre les roches, semblaient de grands gestes noirs qui empêchent de passer.

Brisé, il s'assit sur une pierre, les bras abandonnés, la tête penchante. Il ne pensait peut-être plus, sinon très vaguement. Les yeux à demi clos, il se sentait l'âme bercée dans un va-et-vient de douloureuses rêveries; et, lentement, ainsi qu'on enfonce dans du sable, il glissa dans le sommeil.

Quand il s'éveilla, le grand jour allumait le ciel, et, sur la cime, dans le clair espace, les arbres tout remués d'oiseaux en querelle éparpillaient des étincelles de rosée.

Après un regard incertain sur les choses environnantes, il se souvint tout à coup! Oh! la fille et le garçon sous la voûte de roseaux, et l'humanité entière pareille à ces deux brutes! Il courut à son cheval qui, s'étant relevé enfin, broutait la mousse rase du rocher. Plus loin, être plus loin, c'était ce qu'il fallait, avant tout! Mais le pied dans l'étrier, Frédéric ne sauta pas en selle. Pour s'échapper de la vie, où irait-il? où se cacherait-il, pour se dérober au trône? Certes, il lui serait impossible de séjourner parmi les ordures de la réalité; mais comment, étant homme par la forme sinon par l'âme, répudier la promiscuité humaine? L'alouette, qui s'est un instant posée sur un tas de fumier, bat de l'aile et s'envole; les vers y séjournent, contents. Pourrait-il s'envoler, lui, ver aussi, sans aile? Est-ce que le ciel existe pour ceux qui sont destinés à ramper? Ainsi, pas un refuge hors du mode? Hélas! toute évasion impossible?

Un bruit confus monta vers lui, d'une profondeur lointaine; on eût dit le brouhaha violent d'une foule, dispersé, atténué en un murmure vague; et, par instants, un cri dur, cri de colère et de menace, fendait l'air avec la brusquerie d'un déchirement.

Frédérick grimpa sur un rocher, en s'accrochant aux branches des sapins, et baissa les yeux vers la vallée resplendissante de soleil.

Il poussa un cri! Et, à présent, les bras au ciel, la bouche grande ouverte, les yeux écarquillés, il était immobile.

Là-bas, très loin, les maisons d'une ville étrange fuyaient dans l'éloignement des rues : hors de la cité, sur une colline peu haute, tout hérissée d'éclairs de lances et de lueurs de casques, se mouvait, criard et tumultueux, un immense entassement de populace bigarrée, et, dans la fureur des clameurs, mille gestes aux longues manches se levaient vers une grande croix, toute dorée de lumière, où un homme était attaché, la tête penchant vers l'épaule! A deux autres croix, plus basses, l'une à droite, l'autre à gauche, il y avait deux autres hommes.

Que voulait dire ceci? Qu'était-ce? Une vision, ou un songe? Frédérick devenait-il fou? ou bien après avoir cru, dans un rêve, qu'il s'éveillait, était-il endormi encore? Non. Ses yeux étaient bien ouverts. Aucun égarement dans son esprit. Oh! certainement, il n'était pas la dupe d'une illusion. En étendant la main, il sentait la dureté des rocs ; il entendait derrière lui les mâchoires de son cheval brouter l'herbe et les mousses.

Il regardait toujours, d'autant plus stupéfait que, maintenant, grâce à une intensité formidable d'attention, ayant toute sa volonté dans ses yeux, il distinguait mieux les choses à travers les brumes ensoleillées du lointain.

Les vêtements du peuple ressemblaient à ceux que l'on voit dans les gravures des vieilles Bibles et des anciens Évangiles; au-dessus de longs manteaux se hérissaient des coiffures de cuivre, ayant la forme d'un croissant; il y avait çà et là des bonnets noirs carrés ; sous des étendards que surmontaient des Aigles, des personnages à cheval portaient l'habit des légionnaires de Rome.

Un homme sortit de la foule et, s'approchant de celui qui était supplicié sur la plus grande croix, il éleva une longue lance peut-être, ou un roseau, que terminait une rondeur. « Oh ! pensa Frédérick, l'éponge de vinaigre aux lèvres de Jésus! » Et tandis que s'exaspérait, en gestes et en cris, la fureur de la foule, tandis que, sur le bois du gibet, s'abandonnait, comme après la suprême transe, la forme longue du pâle martyrisé, une femme agenouillée, éperdue, la poitrine sans doute secouée de sanglots, embrassait le poteau de la croix sous l'enveloppement épars de ses cheveux où s'allumait le soleil.

Tout ceci, quoique réel, était hors du possible. Par quelle rencontre inconcevable de hasards, ou plutôt par quel miracle, une colline des Alpes thuringiennes était-elle le Calvaire? Jérusalem, ici? La légende, visible et palpable? La chimère, vraie? Le passé, actuel? Contre cette résurrection prodigieuse des heures et des choses, un esprit ferme se fût révolté; à l'évidence, il eût opposé la négation; il aurait cru à sa propre folie plutôt qu'au bouleversement des éternelles lois; ou bien, maître de lui, et patient, il eût cherché l'explication du mystère, aurait poursuivi, à travers l'impossible, le plausible. Mais l'âme de Frédérick était facile aux rêveries. La rancœur de ce qui existe prédispose à admettre ce qui ne saurait exister. Plein d'une religieuse stupéfaction, il tomba sur les genoux, et, fermant ses yeux éblouis en même temps que s'ouvrait son âme extasiée, il se mit en oraison.

Il ne comprenait, il ne voulait comprendre qu'une chose : une réponse lui était donnée. Il avait demandé : « Où fuir la vie? » Jésus s'offrait, comme pour dire : « En moi ! » Aux hésitations désespérées d'un homme, le Dieu confrontait son exemple ; lui aussi, le fils d'une vierge, il méprisait la chair ; et son royaume n'était pas de ce monde. Avec des prières d'enfant et des élans de jeune homme, Frédérick projetait tout son cœur vers la divinité fraternelle ! Comme elle il traverserait le lieu et le temps, sans se souiller aux choses ; il haïrait son corps, le materait, le vaincrait, et s'en dépouillerait enfin comme d'un haillon sordide, plein de poux, qui voile et gêne la pure nudité de l'âme. L'esprit du mal pouvait l'emporter sur la montagne et lui offrir toutes les gloires de la terre ; il n'aspirait qu'aux chastes délices du ciel. Il irait par les chemins, mendiant sans asile, disant des paraboles aux pauvres et aux désespérés, puis, peut-être, par la cruauté secourable des hommes il pleurerait un soir, au jardin des Oliviers, les larmes qui lavent toutes les souillures, et il agoniserait sur le bois de quelque gibet, douloureusement et délicieusement, comme son Dieu, comme son Dieu !

Quand il rouvrit les paupières, l'antique drame renouvelé s'achevait sur la colline ; Frédérick vit la lance du soldat percer le flanc du roi des Juifs, et, comme s'il eût été frappé lui-même, il sentait tout son cœur lui ruisseler de la poitrine en voluptueux sanglots d'amour et de pardon.

Il se redressa violemment, et sautant de la roche, se précipita sur la pente. Il voulait voir de plus près, toucher, adorer le divin cadavre. Comme Marie-Madeleine, et Marie, mère de Jacques et de Joseph, et la mère des fils de Zébédée, il baiserait les pieds de Jésus, et, la nuit venue, le mettrait au tombeau! Il courait entre les fûts de la sapinière, parmi les roulements des cailloux et l'envolement des sables. Maintenant, l'élévation des terrains lui cachait la vallée. Il s'élançait éperdument, ne reprenant pas haleine. Il se déchirait aux branches, glissait sur les mousses, tombait, se relevait, se précipitait de nouveau. Combien de temps dura cette descente furieuse? Des minutes ou des heures? Il ne s'en est jamais souvenu.

Tout à coup, après un dernier bond, il se trouva hors de la forêt, dans la joyeuse rue vivante d'un village allemand, où, devant des maisons de bois aux balcons sculptés, des hommes chantaient en chœur en heurtant de grandes cruches neigeuses de mousse, où de jeunes paysannes, rieuses et parées, s'en venaient de la plaine, en groupe, et se tenant par la main.

Il s'arrêta, épouvanté de voir ces maisons,

ces buveurs, ces passantes en fête — toute cette vie pareille à ce qu'il était accoutumé de voir.

Qu'était-il arrivé? Quel nouveau miracle avait transformé les êtres et les choses? Où étaient la populace bigarrée entrevue du haut de la montagne, et les coiffures aux croissants de cuivre, et les bonnets carrés, et les étendards des légionnaires?

Une vieille femme, occupée sur le pas de sa porte à plumer une poule, se tourna vers Frédérick, et lui dit.

— Loué soit le Seigneur! Vous avez dû bien courir, mon jeune monsieur, car vous êtes tout essoufflé. C'est égal, vous arrivez trop tard.

— Trop tard? répéta-t-il, comme hébété.

— Oui, trop tard. Voyez, tout le monde revient. C'est fini.

— Fini? Quoi?

— La Passion.

— Où donc suis-je?

— Vous ne le savez pas? A Oberammergau, mon jeune monsieur.

Il baissa la tête, vaincu. Une fois de plus il voyait l'envers du rêve. Le seul nom de cette bourgade, qu'il connaissait bien, avait suffi à lui révéler l'absurdité de sa nouvelle chimère.

Oberammergau, dans un pli verdoyant des Alpes thuringiennes, avec ses chalets ouvragés, peints çà et là de Jésus parmi les docteurs et de Fuites en Egypte, est un petit village où des paysans qui sont des artistes sculptent dans le buis et le frêne des Josephs, des vierges Marie, et des Napoléons premiers jolis comme des joujoux; et ces paysans sont aussi de religieux acteurs qui représentent, tous les dix ans, sur un théâtre ayant le vrai azur pour bandes d'air et pour toile de fond les pentes des collines, un drame intitulé: le Jeu de la Passion.

Il y avait une fois — c'était dans des temps très anciens — un homme qui allait, pour de l'argent, faucher les herbes dans les prés et battre le blé dans les granges. Il avait nom Gaspar, ainsi que l'un des rois Mages, bien qu'il ne fleurât ni l'encens ni la myrrhe, et qu'il n'adorât d'autre étoile que la lanterne du cabaret. Une fois qu'il était saoul de bière et de cidre, il s'en retournait d'Eschenlohe, où on l'avait loué pour la moisson, à Oberammergau où il avait sa femme et ses enfants. Soit que la bière eût été de mauvaise qualité, soit que le cidre eût été fait avec des pommes trop vertes, il se sentit fort incommodé durant le chemin, et en arrivant il trépassa, non sans faire d'assez laides grimaces. De cette mort rapide, et des grimaces aussi, on conclut qu'il avait pris la peste et qu'il l'avait apportée dans le village. De fait, quatre-vingt-cinq personnes, — cent neuf, affirment d'autres récits, — périrent misérablement en trente-cinq ou trente-sept journées, et ce qui mit le comble à l'épouvante, c'est que le capellan mourut lui-même, après avoir mangé l'hostie, comme si la peste eût été dedans. N'ayant plus de prêtre dans leur voisinage, les plus sensés de l'endroit jugèrent bon de s'adresser à Dieu, directement. En conséquence, six jeunes filles et douze jeunes garçons, les plus beaux qu'on pût trouver, firent vœu de représenter tous les dix ans la Passion de notre seigneur Jésus-Christ, aussi parfaitement qu'il se pourrait faire. Il faut croire que le bon Dieu prend plaisir à voir la comédie, car, depuis le jour où le vœu fut juré, aucune personne ne mourut de la peste à Oberommergau ; et même un très vieil âne, qui était assez mal en point, non à cause de la peste qui ne s'attaquait qu'aux personnes parlantes, mais à cause de son grand âge, reprit tout à coup force et belle humeur pour avoir brouté l'herbe de la vallée où l'on avait décidé que le Jeu serait joué.

A travers les siècles, la pieuse coutume persévéra obstinément ; et tandis que se fondaient ou s'écroulaient les empires, tandis que l'embrassement furieux des peuples ensanglantait les plaines, — à l'heure même où l'Allemagne commença d'épeler la vérité sous le doigt de Luther — les montagnards d'Oberammergau célébraient, dans leur candeur fidèle, la légende rédemptrice ; l'évangélique Jérusalem, comme une oasis mystérieuse de prière et de foi, s'abritait dans un pli de vallon. Même l'irréligion moderne n'a pas pénétré dans cette espèce de théâtre claustral ; d'âge en âge, les traditions dévotes, y ont été conservées, sans s'altérer jamais. Chaque rôle de la tragédie sacrée est transmis, comme un héritage, dans la même famille ; on montre avec respect au voyageur le chalet où ont toujours habité les Jésus, et celui où sont nées toutes les saintes vierges ; peut-être une défaveur s'attache-t-elle à la race des Judas ; Caïphe doit inspirer peu de confiance dans les relations ordinaires de la vie ; on conseille aux jeunes gens de baisser les yeux quand Marie-Madeleine passe sous l'or embrasé de ses cheveux ; jamais Ponce-Pilate ne sera choisi pour juge dans le district.

Grâce à cette parfaite bonne foi, grâce à l'identification en quelque sorte séculaire, et jamais interrompue, des acteurs avec les personnages — une fois on aima mieux retarder la représentation décennale que de donner une doublure à Jésus-Christ qui avait été condamné à deux mois de prison pour délit de braconnage — ces paysans, ces montagnards sont devenus de prodigieux comédiens, ou plutôt ils ne sont plus des comédiens en effet : ils sont les êtres mêmes qu'ils représentent, et ils atteignent, à force de manquer d'art, à une intensité d'expression qui fait rêver les artistes. De là une grande affluence de gens de toute sorte, quand vient l'époque longtemps attendue où doit être célébré le Mystère ; et les habitants d'Oberammergau tirent un double profit du jeu de la Passion : s'ils y font leur salut — ce qui est très agréable, sans doute, — ils y font en même temps leur fortune, — ce qui n'est pas absolument pénible. Pendant les quatre jours de la représentation, Jésus gagne plus de florins à porter la couronne d'épines que, durant dix années, à sculpter et à peinturer des saintes en manteaux bleus, des éléphants, des chamois et des ours ou de petits Napoléons premiers.

Frédérick, consterné, ne bougeait point dans la rue du village en fête. Il s'aperçut que les buveurs le considéraient avec curiosité, que les filles rôdaient autour de lui et le montraient du doigt. Une rougeur lui vint aux pommettes; il se retira, timidement, rasant les murailles.

Il se garda bien d'aller du côté de la plaine où le Jeu avait été célébré; il ne voulait pas voir de près la réalité de sa chimère; du moins il garderait intact le souvenir de l'illusion.

En sortant du village, il suivit une venelle d'aubépines, puis se mit à errer dans une prairie, selon les caprices d'un petit sentier qui va, revient, s'éloigne encore avec l'air de ne pas savoir son chemin.

Peu à peu, Frédérick sentit diminuer sa tristesse. Après les premières amertumes de la déception, il songeait moins douloureusement. Ses résolutions pouvaient ne pas s'évanouir avec le miracle qui les avait fait naître ; le temps n'était plus sans doute où Dieu descendit parmi les hommes pour les retirer du péché, mais il n'est pas d'heure dans l'éternité où les hommes ne puissent s'élever à Dieu! Il devait rendre grâce au hasard providentiel qui s'était servi d'un mensonge pour le conduire à la vérité. Oui, le sort en est jeté! il fuirait à jamais la vie turbulente et sale dans la paix de la religion, dans les pures délices de l'amour divin. N'avait-il pas le droit de s'évader du monde ? qui donc avait besoin de lui sur la terre? Le trône où il refusait de s'asseoir ne resterait pas vide ; la famille des Mittelsbach était nombreuse et ambitieuse ; l'un de ses oncles ou de ses cousins, sinon son frère, séjournerait royalement dans la Résidence de Nonnenbourg, pendant que lui, paisible, il vivrait à l'écart, dans quelque creux de roche, pareil aux antiques ermites, mangeant les herbes et les racines, buvant l'eau que pleurent les pierres, ou pendant qu'il attendrait l'heure de la mort bienvenue au fond de quelque monastère où rien de l'humanité ne pénètre : déjà, dans le lointain mystérieux de sa pensée, il se voyait en longue robe de bure blanche, les mains croisées sur la poitrine, passer mélancoliquement sous les arceaux silencieux du cloître.

Le soir était venu pendant ces rêveries. Brisé par une longue course à cheval et par ses promenades errantes, n'ayant pris depuis la veille aucune nourriture, Frédérick retourna vers le village ; il voulait entrer à l'auberge, se faire servir un repas, se jeter sur un lit ; le lendemain, il écrirait à la reine Thécla, pour l'informer de sa résolution, et se mettrait en quête du couvent où il ferait son noviciat...

On riait, on buvait toujours dans l'unique rue d'Oberammergau ; entre les fenêtres illuminées de lanternes, des groupes de jeunes filles tournaient dans un envolement de rubans et de chansons ; les cruches de bière, sonnant sur les tables, rhythmaient lourdement la légèreté des danses.

Ces bruits, cette joie importunaient Frédérick ; il regarda autour de lui, avec une sorte d'anxiété, cherchant des yeux une hôtellerie. Des carrioles, une diligence, deux chaises de poste stationnaient devant une maison un peu plus grande que les autres ; l'auberge sans doute. Il poussa une étroite porte aux vitrages coloriés de pipes en croix et de chopes mousseuses; mais il s'arrêta tout à coup, n'osant pas entrer. Il avait devant lui une assez vaste salle où beaucoup d'hommes et quelques femmes, — non pas des paysans et des paysannes, mais des hommes vêtus pour la plupart avec une rare élégance et des femmes très parées, — se tenaient assis autour d'une longue table et causaient à voix haute en levant par instant leurs verres où riait du champagne; ce devaient être des gens venus des villes voisines pour assister au jeu du Mystère : la représentation finie, ils soupaient à l'auberge avant de se remettre en route.

Effarouché par une aussi nombreuse compagnie, Frédérick allait se retirer ; il trouverait bien dans une autre partie du village quelque logis moins bruyant; déjà il tirait la porte lorsqu'il entendit son nom prononcé en même temps par plusieurs des personnes qui étaient là.

Oh! il ne s'était pas trompé : on avait bien dit : « Frédérick de Thuringe. » Pourquoi **donc** s'occupait-on de lui? Qu'en pensait-on ? **La** curiosité triompha de l'appréhension. Il se glissa dans la salle, s'assit devant une petite table à côté de la porte, et, après avoir demandé à la servante une tranche de jambon et un verre de bière, il se mit à observer et à écouter les gens qui l'avaient nommé.

Regardé avec plus de soin, ce groupe d'étrangers, dans ce village, paraissait véritablement bizarre; leur élégance se compliquait de pittoresque, d'imprévu, d'exotique même : non, ces gens n'étaient point des bourgeois des cités prochaines, ni de riches campagnards; ils arrivaient sans doute de très loin, et de pays différents; les habits des hommes, fracs noirs ou bleus, à boutons de métal, redingotes à brandebourgs, dolmans passementés, les toilettes des femmes, jupes trop courtes où traînes trop longues, corsages très décolletés ou très montants, à gilets comme ceux des amazones, à treillis comme ceux des Suissesses, révélaient des nationalités diverses ou une habitude de ne pas soumettre à la mode le caprice personnel, de défier l'usage par l'invention.

Dans les types, la diversité était analogue : quelques hommes, jeunes, aux longs cheveux à peine blonds qui leur coulaient sur les épaules en un fin ruissellement d'or blême, montraient dans leur face pâle, émaciée, dans leurs prunelles d'azur presque sans couleur, ce je ne sais quoi d'affaibli, de déteint, qui distingue les fils de l'extrême Nord; plusieurs visages bruns, aux tons chauds, dardant des regards vifs, avaient ces yeux de Madrid ou de Naples, noirs et lumineux comme de l'ébène imbu de soleil; la plupart, nés sans doute dans le centre de l'Europe, se distinguaient les uns des autres par ces dissemblances de traits moins saillantes, mais pourtant sensibles, que l'on remarque entre les races que le voisinage n'a pas unifiées. Et, parmi les femmes aussi, pâles ou blanches, ou dorées, Allemandes dont l'œil rêve, Françaises ou Russes dont l'œil rit, Italiennes dont l'œil flamboie, il y avait de très visibles différences dans la façon d'être laide ou jolie. Si bien que ce rassemblement de personnes, dans cette salle d'auberge, sur un versant des Alpes thuringiennes, avait l'air de quelque congrès fantasque où toutes les nations de l'Europe se seraient fait représenter.

A vrai dire, il y avait quelque chose qui mettait un peu d'harmonie entre ces diversités de physionomie et de costumes; c'était une espèce d'abandon, de bonne humeur, de sans-gêne, qui allait presque jusqu'au débraillé; les femmes, ne craignant pas de poser leurs fins coudes nus sur la table, riaient tout près des lèvres des hommes, avec un enjouement hardi, ou ne se refusaient pas à quelque confidence chuchotée à l'oreille ; une toute jeune fille, décolletée comme si elle n'avait eu que sa chemise pour corsage, se renversait sur le dossier de sa chaise, en fumant une cigarette rose ; et c'était un brouhaha de voix qui s'interrompent, de gestes mêlés où une blanche main dégantée s'abandonnait quelquefois sur l'épaule d'une redingote ou d'un dolman.

Il était aisé de voir pourtant que ce n'étaient là ni des libertins de profession, ni des filles ; leur débraillé s'originalisait d'une délicatesse précieuse ; gais sans doute, grossiers, non ; la griserie n'est pas l'ivrognerie. Il restait, dans l'encanaillement joli des femmes, comme un air de cour encore, et un peu de cette hauteur dédaigneuse qui est la coquetterie de la chute ; plus d'un homme, la cravate à demi défaite et les yeux allumés de champagne, ne se départait pas d'une courtoisie très apparente, où le sans-façon était une grâce de plus. Evidemment, tous ces convives, riches peut-être, nobles sans doute, des gens du monde, comme on dit, se connaissaient depuis fort longtemps, avaient l'habitude de se trouver ensemble — de si loin qu'ils fussent venus les uns vers les autres ; et de cette habitude, qu'avait dû former un même genre de vie ou quelque communauté de pensées, était née enfin une camaraderie familière, excluant la morose étiquette. Quant à l'opinion que l'on pouvait prendre d'eux, ce n'était pas à Oberammergau qu'ils devaient s'en soucier; et il était probable qu'ailleurs même ils ne s'en seraient pas inquiétés; soit qu'ils fussent d'un rang à imposer silence ou à dédaigner les parleurs, soit qu'ils tinssent peu de compte, en général, des railleries et des bavardages. Il y avait dans leur attitude je ne sais quel haussement d'épaules, et comme un air de dire : « Eh bien, oui, nous sommes ainsi, après ? »

Frédérick était grandement surpris. N'ayant jamais quitté, pendant bien des années, les ruines de Lilienbourg, il ne pouvait s'expliquer qui étaient ces gens-là; tout le monde les connaissait pourtant, et, d'un bout à l'autre de l'Allemagne, le moins bien informé des bavards de table d'hôte aurait pu fournir sur leur compte des renseignements très complets.

En réalité, un assemblage à la fois bohème et princier de dilettantes et d'artistes, que l'on voyait apparaître soudainement partout où était annoncée quelque grande cérémonie littéraire ou musicale, — festival Gœthe, festival Beethoven, — partout où devait avoir lieu la représentation d'un opéra de Hans Hammer, la première exécution d'un concerto de Rubinstein. Ils accouraient, ceux-ci de Pologne, ceux-là de Hongrie, plusieurs de Suède, beaucoup de France, d'Italie, de Belgique, de Prusse, quelques-uns de Constantinople, — il en venait même du Japon; ils se rencontraient, sans étonnement, comme s'ils s'étaient donné rendez-vous, se serraient la main avec l'air de s'être vus la veille, et, logeant dans le même hôtel, dînant à la même table, traversant la ville dans des voitures qui se suivaient en file, se montrant au théâtre dans des loges voisines, nombreux, joyeux, bruyants, ils faisaient penser à quelque élégante tribu, naguère éparse, qui s'est tout à coup rejointe pour se reposer un jour ; ou bien à un grand vol d'oiseau venus des quatre coins du ciel, qui s'abat en tumulte sur un seul arbre de la forêt.

Aujourd'hui, ils étaient à Oberammergau, à cause du Jeu de la Passion; où seraient-ils demain? Ils ne le savaient peut-être pas.

On reconnaissait parmi eux des magnats, assez semblables par l'uniforme aux hussards des parades foraines, qui jouaient de la flûte presque aussi bien qu'un musicien de bal public, et des pianistes plus décorés que des généraux, qui portaient l'habit noir avec une distinction de diplomate ; de grandes dames quelque peu déclassées, se tenant assez mal, dont on voyait rarement les maris, et des comédiennes célèbres, se tenant bien, dont on ne voyait jamais les amants; des chambellans fort connus dans les coulisses, et des maîtres de chapelle fort considérés dans les cours; deux plantureuses comtesses, l'une moscovite, l'autre italienne, qui s'étaient ruinées toutes les deux pour le même ténor, et un contralto, étique, un signe trop noir au bord de la lèvre, qu'avait failli épouser de la main gauche l'unique héritier d'une famille régnante. De sorte qu'un peu d'abandonnement, de débraillé du côté des patriciens, et beaucoup de prétention à l'aristocratie, à la tenue, du côté des artistes, permettaient aux deux éléments du groupe de se juxtaposer, de se fondre, et, malgré la distance des rangs, les faisaient paraître de niveau.

Frédérick remarqua, à l'un des bouts de la table, un homme déjà vieux, maigre, le buste long serré dans une redingote de prêtre; hors du collet de l'habit, droit, malpropre, qui ne laissait pas voir de linge, sous des cheveux gris pendants, s'érigeait une face glabre et terreuse, ouvrant des yeux durs, ravinée de fortes rides et mamelonnée çà et là de grosses verrues où broussaillaient des poils. Cette laideur était forte, impérieuse, violente, avait l'air de menacer ; ou plutôt non, cette face n'était pas laide, elle était terrible : elle faisait songer à un Mirabeau moins enthousiaste, plus rigide, cruel, — à un Mirabeau qui serait un inquisiteur. Puis, soudain, elle devint tout autre. La rudesse des rides s'abandonnait dans un grand sourire indulgent, les yeux à demi fermés laissaient passer la caresse d'un long regard, la pente des cheveux avait une douceur infinie, presque plaintive, comme la chevelure d'un vieux Christ. Ce visage, naguère farouche et sinistre, s'épanouissait, tendrement religieux, divinement suave. Après un énergumène, un apôtre. Saint Vincent de Paul après Torquemada.

De très jeunes demoiselles, de très jeunes hommes, elles, les cheveux courts, eux, les cheveux longs, comme si les filles avaient voulu paraître des garçons et les garçons des filles, se tournaient, se penchaient vers ce rare personnage, le contemplaient, l'admiraient avec une ferveur de disciples en extase ; lui, serein et souriant, mâchant d'ailleurs un énorme cigare qui lui entrait dans la bouche presque jusqu'à la braise, il partageait entre ces enfants la caresse de son regard, et tendant vers eux les bras, il avait l'air de les bénir avec le rhythmique et lent mouvement patelin de ses deux mains très longues.

Brusquement, il eut une quinte de toux; il cracha son cigare mâché dans le verre de champagne qui était devant lui, — non pas une flûte ni une coupe, mais un grand verre à pied. La liqueur du tabac mouillé se mêla vilainement au vin. Alors une des jeunes filles, — la plus jolie, seize ans, laissant voir sous la mousseline l'adolescence délicate de sa gorge, — s'élança, saisit le verre, en retira le cigare, et le mit passionnément dans son corsage, entre ses seins, triomphante! L'homme n'eut point l'air de trouver ceci très étrange; il sourit plus indulgemment encore, et, avec un air de dire : « enfant ! » il donna, du revers de la main, deux petites tapes sur la joue de la jeune fille, toute rose de joie.

C'était l'abbé Glinck.

Jeune, il avait été pianiste et homme à bonnes fortunes ; il avait poussé la virtuosité digitale à un degré presque fantastique, et la fatuité personnelle jusqu'à dire à une ambassadrice qui venait de ramasser entre les deux pédales le mouchoir dont il avait essuyé ses doigts en sueur: « Vous pouvez le garder, madame ! » L'âge venant, et, avec lui, la lassitude des succès accoutumés, il s'était fait, d'interprète, créateur, et, de libertin, ecclésiastique. Il n'avait pas renoncé absolument aux clavecins ni aux alcôves ; mais il feignait de mépriser les virtuosités anciennes. Il était, en public, homme de génie et abbé. Un de ces abbés comme on en voit beaucoup à Rome, et qu'on appelle monsignori ; ces gens-là ont un pied chaussé de violet dans les sacristies ou dans les antichambres d'évêques, et l'autre, chaussé ou non, dans les boudoirs ou dans les loges de prime donne les bohèmes de l'Eglise. Son espèce de soutane, qu'il avait accommodée en une sorte de redingote, ne l'empêchait pas de se mêler à la foule parée des concerts, des spectacles, des fêtes ; même il avait pour les femmes trop décolletées des indulgences particulières. Suivi d'un long troupeau d'élèves, dont il était le berger, ou le bouc, il traversait à Vienne, à Berlin, à Pétersbourg, les somptueuses réceptions officielles, s'arrêtant rarement pour laisser glisser, avec l'air dont on fait une aumône, la longueur de sa main gauche sur les touches d'un piano ; quelquefois — lorsque la reine ou l'empereur l'en priait — il consentait à diriger un orchestre ; mais il ne se servait pas du bâton ; debout, son sourire de clémence aux lèvres, paisible, auguste, il commandait du regard son armée instrumentale, se bornait à lever et à baisser, de temps en temps, ses deux mains en mesure, dirigeait les symphonistes comme on bénit des ouailles.

En hiver, il acceptait volontiers l'hospitalité — toujours accompagné de ses nombreux disciples — dans la résidence forestière de quelque magnat de Hongrie; le matin, il disait la messe dans la chapelle seigneuriale; le soir, il présidait les festins après les grandes chasses. Il se faisait présenter les chanoines et les évêques qui viennent se délasser, dans cette vie de château, des fatigues du sacerdoce. Adoré, adulé, il daignait se montrer doux, presque bonhomme quoique un peu grave, poussait la grandeur jusqu'à la familiarité. Mais parfois des incidents dérangeaient les plis de sa bénigne attitude. Une fois, au dessert, ayant trop bu de champagne, une de ses élèves lui cria, l'archevêque étant présent : « Tu sais, si tu vas encore, cette nuit, dans la chambre de Bella, je t'arrache les yeux! » Bella, c'était une autre élève, une nouvelle venue. L'apostrophe était brutale; l'archevêque eut le bon goût de ne pas entendre. Au surplus, l'abbé Glinck ne niait pas ces petites intimités nocturnes; il se bornait à ne pas les proclamer. Tout le monde savait, entre autres, aventures, qu'il avait manqué de cruauté — le mot a plusieurs sens — à l'égard d'une comtesse russe qui jouait du piano comme un séraphin de la harpe, avait l'air, même habillée en femme d'un petit garçon qui serait vilain, et fumait des cigares de Venise qui auraient donné la nausée à un tambour-major. Un soir, à Rome, il l'avait trouvée dans sa chambre ; elle arrivait de Sarratoff ou des environs pour jouer à quatre mains avec l'abbé une symphonie de Beethoven. Comme elle s'était couchée en l'attendant et qu'elle se refusait à remettre sa robe, il n'osa pas la jeter à la porte, à cause du scandale. Cela se conçoit : un prêtre ! Il la garda près de lui, très longtemps. Même il l'emmena dans ses aventures. Laide, oui, mais idolâtre, elle donnait avec un enthousiasme utile l'exemple des agenouillements et des baisements de mains ; un dieu a besoin de dévotes. Puis, c'était, elle aussi, une grande artiste ; et elle avait une façon d'être folle, tout à fait divertissante. Quand il voyageait en poste, elle sautait sur l'un des chevaux, habillée en postillon, faisait claquer son fouet sur le rhythme du dernier allégro du maître ! Comme elle était en argent comptant, — ayant vendu tout ce qu'elle possédait de forêts et de mines pour venir vivre auprès de l'abbé — elle recevait tous les jours un énorme bouquet de lilas blancs, expédié par M. Alphonse Karr, jardinier de Nice ; et l'abbé Glinck s'était accoutumé à trouver ce printemps de neige, chaque matin, sur son oreiller. Mais elle était moins blanche que ses fleurs, — en outre, jalouse, acariâtre, prompte aux querelles et aux soufflets ; quand les bouquets arrivèrent avec une régularité moins fidèle — soit que l'enthousiasme de la comtesse se fût ralenti, soit qu'elle fût ruinée, — l'abbé lui conseilla d'aller donner des concerts en Amérique. Cependant, que devenait, parmi tous ces hasards, la ferveur religieuse du converti ? Il n'en parlait guère ; les autres ne s'en inquiétaient pas davantage; on supposait probablement qu'il la mettait tout entière dans ses messes et dans ses oratorios. Par bonheur, son talent était plus réel, sinon plus sincère, que sa dévotion. A force d'interpréter les maîtres, il parvint à s'assimiler leur âme. Un comédien peut se faire auteur dramatique. Mais ce n'était pas un banal imitateur. Il avait appris à créer. Il était lui-même, à l'exemple des autres ; et, travailleur acharné, artiste savant et hardi, — les forces de son intelligence et de sa volonté toujours tendues par un besoin d'illustration, par une vanité qui, ma foi, ressemblait à de l'orgueil, — il avait enfin autant de génie que l'on en peut acquérir! Cette haute valeur personnelle justifiait tant bien que mal l'espèce de souveraineté dédaigneuse qu'il lui plaisait d'affecter; on ne riait pas trop de le voir traverser l'Allemagne avec ce cortège de jeunes filles et de jeunes garçons qui portaient la queue de sa gloire, — hautain, magistral, bénin, grand homme et grand-prêtre, un peu sultan aussi.

Quelques chaises plus loin, une femme assez vieille, mais si blanche, et maigre au point d'être transparente, faite non point de chair mais de mousseline et de neige, l'air d'une nuée tombée dans un fauteuil, se renversait nonchalemment, sa tête aux yeux mi-fermés inclinant vers l'épaule, les longs doigts de sa main droite appuyés au bord de la table, et l'autre main pendante parmi les dentelles de la manche. Ni les lys, ni les cygnes, ni les hermines n'auraient pu paraître blanc auprès de sa blancheur, et son attitude était plus tendrement désolée que l'inclinaison larmoyante des saules ; elle faisait penser à quelque élégiaque Séraphita, qui, à force de rêver sur les cimes, aurait pris la pâleur des glaciers et la diaphanéité des brumes, et lentement se mourrait, au milieu des hommes, avec des gestes plaintifs, à cause de la nostalgie des pures hauteurs. En France, où on la croyait Suédoise et où on l'appelait Mme Dzalergy, Théophile Gautier écrivit pour elle la « Symphonie en blanc majeur », ce fut l'une des ivresses des salons de l'entendre jouer, languissante et comme pâmée, les mazurkas et les valses de Chopin; on disait

alors, mais tout bas, qu'elle était divinement
liée avec ce triste et doux musicien ; et chaque
note des mélancoliques airs semblait l'un des
soupirs de leurs fiançailles mystiques. Faible
et douce comme elle était, elle vint, le 4 dé-
cembre 1851, apporter au général Canrobert,
de la part du prince-président, l'ordre de mi-
trailler les passants des boulevards ; car elle
avait passé la nuit à l'Élysée, où elle allait
faire de la musique quelquefois ; et, plus tard,
en Pologne, elle épousa le comte Loukhanof
tout rouge encore des massacres de Varsovie.
Mais malgré les coups d'État, elle était restée
adorablement blanche, comme si le sang, dès
qu'il l'éclaboussait, devenait de la neige ; et elle
ne cessa de jouer Chopin avec une soupirante
tendresse qui vous faisait venir aux yeux des
larmes de délices. Maintenant elle voyageait en
Allemagne, tout occupée de l'art et des artistes,
ayant autour d'elle un troupeau d'adolescents
rêveurs, aux longs cheveux — de qui l'on prétendait qu'elle faisait parfois de petits Chopins,
— et on la rencontrait dans toutes les solenni-
tés musicales, l'air un peu dédaigneux, comme
revenue des choses, pâle, toujours penchée,
malade sans doute, boitant à peine, à cause
d'une jambe de bois qu'elle avait, exquise.
D'ailleurs, une espionne.

Beaucoup de femmes encore : la comtesse de Siernistz, qui venait d'épouser le ministre de l'intérieur en Prusse, et qu'on appelait la comtesse Trompette, en moquerie de son petit nez très drôle, joli d'ailleurs ; Mlle Zuleïka, la fille d'un poète allemand, grasse, rose, faisant jaillir toute sa gorge d'un corset trop bas et trop étroit, — si ingénue qu'elle n'avait jamais pu comprendre pourquoi il n'était pas convenable de se montrer presque nue ; Mme de Louisberg, une belle et robuste Poméranienne, qui chantait dans les fêtes de charité, et qui, veuve pour la troisième fois, venait d'épouser, à trente-cinq ans, un petit musicien belge dont elle se trouvait peu satisfaite, parce qu'il devenait phtisique très vite, — mais à ceux qui lui conseillaient de divorcer elle répondait doucement : « Oh ! ce n'est pas la peine » ; Mme Béatrix Mzillach, une antique primadona, fort applaudie autrefois, que de très jeunes gens s'avisaient encore d'aimer, toute vieille et ridée qu'elle fût, étant sans doute de l'avis de ce poète français qui disait d'elle : « Ce qu'il y a d'attrayant dans Mme Mzillach, c'est qu'elle a voyagé dans toutes les capitales de l'Europe » ; et enfin la troupe extasiée, — cheveux courts en boucles, le lorgnon dans l'œil, — des petites élèves de l'abbé Glink.

Çà et là, parmi les femmes, des hommes étaient assis. Quelqu'un qui aurait été au courant des choses eût bien vite reconnu le marquis Yésada, plénipotentiaire japonais, qui, d'un séjour à Inspruck, avait gardé l'habitude de s'habiller en pâtre tyrolien. Le ténor Lindbauer, la bouche en cul-de-poule, toute rose sous une fine moustache d'ébène, faisait tourner entre le pouce et l'index de sa petite main grassouillette une marguerite qu'il avait cueillie dans les cheveux de sa voisine; ses yeux, humides d'une tendresse éperdue, se levaient vers la muraille où il avait accroché son chapeau à haute forme, d'un blanc d'argent, qui reluisait. Le docteur Pfeifel, toujours mêlé, on ne savait comment, à ce monde de gentilshommes et d'artistes, penchait vers la nappe sa face maigre et grise, aux favoris d'un jaune sale, que dépassaient deux vastes oreilles; il était Prussien, et à tel point que, même décoiffé, il avait l'air de porter un casque. En outre, on voyait là cinq ou six pianistes qui ressemblaient à Beethoven; deux savants, l'un danois, l'autre saxon, qui avaient l'innocente manie de faire des calembours en français; un compositeur belge, qui ne parlait jamais des mœurs parisiennes sans un geste de dégoût et qui avait été expulsé de son pays pour avoir mis à mal les deux filles du bourgmestre de Liège, auxquelles il donnait des leçons de xilophone; un Anglais, ayant pour fonction d'être Anglais et rien de plus, et un Gascon, commis-voyageur en champagne, qui s'était fourré là, guettant des clients; d'ailleurs il affirmait que, s'il n'y a de bon vin qu'en France, il n'y a de bonne musique qu'en Allemagne, et, pour sa part, il jouait du cor de chasse très agréablement. Gaudissart mélomane.

Joyeux, familiers, avec cet air à l'aise de gens qui, n'ayant guère de domicile privé, se sentent chez eux dès qu'ils sont à l'auberge, tous les convives buvaient, bavardaient, riaient autour de la table, sous le balancement d'une lampe suspendue, dont la lueur allumait les bijoux des femmes et satinait la peau de leurs épaules. Mais, chose singulière, depuis que Frédérick s'était assis près de la porte, plus personne n'avait prononcé le nom du prince de Thuringe; il n'entendait parler que du Jeu de la Passion, du festival qu'on avait organisé, le mois dernier, à Berlin, de la représentation du « Chevalier au Cygne », qui aurait lieu prochainement à Nonnenbourg, à moins que la mort du roi Joseph II ne mît en deuil la cour et la ville. Avait-on reconnu Frédérick, et à cause de sa présence, évitait-on de le nommer? Non, pas un homme, pas une femme n'avait paru s'inquiéter du nouveau venu, et certainement on ne prenait pas garde à lui. Déçu dans sa curiosité et las de ce tapage qui avait fait s'envoler ses rêves, il dit à la servante de lui préparer une chambre, et quand la fille eut entr'ouvert une petite porte vitrée au-delà de laquelle apparaissait l'escalier de l'auberge, il se leva pour sortir de la salle.

Il y eut un grand bruit de porcelaine brisée, — ce bruit que les Allemands appellent « kladerradatch » et qui a donné son nom à un journal de Berlin.

Frédérick tourna la tête et vit un des convives debout, serrant les poings, et dont les joues se crispaient en petites rides de colère — comme de l'eau remuée d'un vent — pendant que les débris d'une pile d'assiettes s'éparpillaient sur la table ou roulaient sur le carreau jusqu'à la plinthe des murailles.

Cet homme, que Frédérick n'avait pas encore remarqué, était petit, maigre, étroitement enveloppé d'une longue redingote de drap marron; et tout ce corps grêle, quoique très robuste peut-être — l'air d'un paquet de ressorts — avait le tremblement presque convulsif d'une femme qui a ses nerfs ; mais le visage quand il n'était pas déformé par la grimace de la colère, devait avoir une magnifique expression de hauteur et de sérénité. Tandis que la bouche, aux lèvres très minces pâles, à peine visibles, se tordait dans un pli méchant, le beau front vaste et pur, uni, entre des cheveux très doux, déjà grisonnants, qui fuyaient, gardait la paix inaltérable de je ne sais quelle immense pensée, et il y avait dans la transparence ingénue des yeux — des yeux pareils à ceux d'un enfant ou d'une vierge — toute la belle candeur d'un rêve inviolé.

D'ailleurs, personne ne paraissait ému outre mesure de ce qui s'était passé, — le docteur Pfeifel, silencieusement, faisait un petit tas des débris épars sur la table, — soit que la bonne humeur des convives se souciât peu d'une telle algarade, soit que le trouble-fête fût de ces gens à qui l'on pardonne tout, de qui l'on n'ose même pas se plaindre.

Quant à l'homme lui-même, toujours plus frémissant qu'une chanterelle secouée par un pizzicato, il avait empoigné le béret de velours qui lui pendait sur l'œil gauche avec l'air d'une crête noire, et, le triturant entre ses poings crispés, le fourrant dans sa poche, le retirant, le jetant sous son aisselle, le replaçant sur ses cheveux, il criait d'une voix claire, par paroles dures et brèves qui étaient comme un roulement de petits cailloux cassés :

— Puéril! fou! absurde! L'abbé Glinck ne sait ce qu'il dit. Le nouveau roi ne vaudra pas mieux que l'ancien. Qu'y aura-t-il de changé? Un nom. Frédérick fera justement ce que Joseph a fait. Il présidera le conseil des ministres, passera des revues, et, dans ses loisirs, visitera les ateliers des peintres. Quant à la musique, il ne s'en inquiétera guère. Et pourtant, la musique, c'est le vrai art allemand! L'Angleterre a Shakespeare, la France a Victor Hugo, l'Allemagne à Sébastien Bach, Beethoven et moi! Sans la musique, pas de gloire allemande. Le drame lyrique est la réalisation suprême, absolue, de notre idéal national! Mais si vous dites cela aux princes de notre pays, ils haussent les épaules et ils ordonnent à leur chambellan ou à l'intendant général des théâtres d'engager des comédiens français pour la prochaine saison; il nous faudrait « Fidelio », ou « Floris et Blancheflor »; on nous donne les vaudevilles de M. Scribe. Et cet état de choses est éternel. Fort bien. Je m'en retournerai en exil. Il n'y a qu'un souverain intelligent : l'empereur du Brésil. Il m'a demandé un drame lyrique pour San-Pédro-d'Alcantara ; je le ferai et je partirai. C'est résolu. Adieu. Plutôt que de rester en Allemagne, où les rois me refusent quelques misérables millions pour bâtir un théâtre, j'aimerais mieux aller... oui, ma foi, j'aimerais mieux revenir en France! Et quant au petit Frédérick, vous pouvez lui dire que s'il a fantaisie d'une Marche triomphale pour le jour de son couronnement, il lui est tout loisible de la commander à quelque élève juif de Mendelsshon ou de Meyerbeer.

Là-dessus l'homme en colère, après avoir fait de son béret tout ce qu'un chat qui joue peut faire d'une pelotte, finit par le jeter en l'air, et s'en alla presque en courant par la porte que la servante avait ouverte; le docteur Pfeifel dit à l'abbé Glinck, avec un clignement d'œil :

— Hans Hammer est de mauvaise humeur, ce soir.

Hans Hammer!

Frédérick sursauta. Si solitaire qu'il eût vécu, la renommée de cet homme était arrivée jusqu'à lui. Quoi! il venait de voir cet être fantasque et prodigieux, exalté et rabaissé, adoré et haï, qui, à force de génie et d'audace, avait secoué la léthargie allemande, avait imposé aux plus flegmatiques l'enthousiasme ou la colère, ce révolutionnaire qui s'était jeté à travers l'art, rompant les vieilles règles, ruinant les fausses gloires et violant l'antique musique pour engendrer en elle le drame vivant et palpitant, enfin Hans Hammer, ce fou, Hans Hammer, ce dieu!

Instinctivement Frédérick le suivit. Voulait-il

le voir encore, lui parler? Il ne savait pas. Il montait l'escalier, derrière l'illustre musicien-poète ; mais il tremblait, et, si le compositeur s'était retourné, le prince se serait enfui, comme un enfant en faute.

Au premier étage, Hans Hammer disparut derrière un battant vivement refermé, et la servante, qui était montée aussi, dit à Frédérick, en ouvrant une porte voisine : « Voici votre chambre, monsieur. »

Frédérick s'assit sur le bord du lit, et songea ne comprenant pas ce qui se passait en lui-même. Que signifiait cette émotion qui l'avait pris tout à coup? Pourquoi le nom de Hans Hammer le troublait-il ainsi? Sans se rendre un compte exact de ce qu'il éprouvait, il était comme quelqu'un à qui vient d'arriver une chose fatale ou heureuse, d'où un avenir inattendu découlera sans doute. Ce que doivent ressentir les autres hommes au premier aspect de celle qu'ils aimeront toute leur vie, il le sentait confusément...

Un accord, violemment frappé sur un clavecin, retentit dans le silence de l'auberge. Ce bruit venait de la chambre voisine, — de la chambre de Hans Hammer.

Frédérick s'élança vers la cloison, écouta, palpitant.

Les sons se précipitaient brutaux, discordants,

farouches ; la colère de Hans Hammer se répandait dans la furie de l'improvisation, et il jouait du piano comme on battrait quelqu'un. Mais ce bruyant emportement, peu à peu, s'apaisa, torrent continué en un vaste et beau fleuve ; et le courant de la mélodie aux flots bien rhythmés se prolongeait infiniment.

Frédérick écoutait toujours, l'oreille à la muraille.

La musique l'enveloppait comme une chaude buée où la chair se dilate ; il lui semblait aussi qu'elle pénétrait en lui comme une boisson véhémente qui fortifie les nerfs et fait s'épanouir l'esprit. Jamais il n'avait connu de telles délices ; une fièvre l'envahissait, une fièvre exquise ; il vivait d'une vie nouvelle, où il se développait si magnifiquement en force et en ivresse, que cette vie-là, à coup sûr, était celle pour laquelle il était né et qu'il avait, sans la connaître, si longtemps et si désespérément enviée ! La brusque entrée d'un être dans son naturel élément.

La musique seule, en effet, pouvait satisfaire cette âme pour qui toute réalité était un objet de dégoût. La peinture et la sculpture, par la couleur et la forme, expriment la vie ; elles devaient donc être, à Frédérick, aussi odieuse que la vie elle-même. L poésie chante, mais elle parle; si magnifiquement spirituelle qu'on la conçoive, elle montre, grâce au relief des images et à la précision du verbe, la beauté des choses intellectuelles ou physiques. Mais la musique ne dit *rien* d'une façon définie; elle est comme un bégaiement divin, qui ne peut pas devenir parole; elle s'efforce toujours vers un idéal, qu'elle ne saisit jamais, comme quelqu'un qui marcherait toujours et jamais n'arriverait; elle est le rêve adorable à qui la réalisation, dans l'humanité, est interdite! De sorte qu'elle était délicieusement et désespérément l'expression même de toute l'âme de Frédérick, l'ineffable désir obstiné de l'impossible ne pouvant être formulé que par un perpétuel inachèvement.

Hans Hammer ne cessait pas de jouer, mêlant aux notes grêles du clavecin d'auberge sa voix mordante, âpre, qui agrippait l'ouïe et quelquefois pourtant s'atténuait en une plainte adorablement féminine. Si Frédérick avait été déjà initié aux œuvres de Hans Hammer, il eût reconnu, se succédant par de savantes modulations, les thèmes principaux du « Chevalier Klindor », du « Chevalier au Cygne », des « Maîtres Chanteurs d'Eisenach », de « Floris et Blancheflor ». Peut-être l'illustre artiste, dans une de ces heures de découragement que n'ignorent pas les plus robustes esprits, et qui, chez lui, suivent fréquemment les crises de colère nerveuse, éprouvait-il le besoin de fortifier sa volonté un instant chancelante dans l'admiration de ses travaux anciens, — de se prouver à lui-même son génie. Tantôt, — selon que la musique se faisait amoureusement mystique ou farouche, — Frédérick se sentait enlevé dans des paradis inconnus, où aucune chose n'existait selon les modes de l'existence d'ici-bas, où, par une miraculeuse transposition les couleurs, les formes étaient des sons lumineux; tantôt il était précipité dans des enfers étranges, qu'aucune religion n'a inventés, et où les supplices sont faits d'un excès d'harmonieuses délices. Et il avait les yeux pleins de larmes et l'âme débordante de ravissements. Un instant, il sanglota avec violence, pris d'un déchirant désespoir! Le clavecin et la voix ne chantaient plus derrière la cloison. Quoi! il faudrait redescendre de ces ciels adorables, remonter de ces paradisiaques Ténares, — revenir dans l'insipide vie réelle? Mais non, la musique de nouveau ouvrait ses ailes frémissantes, et lui, extasié dans l'invisible caresse, il écouta encore, longtemps, toujours...

Son père mort Frédérick fut roi. Au galop d'un cheval blanc, qui secouait sa crinière, il passa en revue les lignes blanches et bleues de l'armée, parmi la poussière du soleil et les acclamations. Mais, à peine couronné, il se précipita dans la solitude et dans la musique, comme un désespéré qui s'enferme. Vainement la reine Thècla, que possédait une vaste ambition, voulut mêler son fils aux choses politiques, l'initier aux subtilités de la diplomatie ; il ne comprenait pas, n'écoutait pas, s'effarait, allait chercher un refuge dans la chaumière de sa vieille nourrice, au flanc de la montagne.

Car, en se résignant à la royauté, il n'avait eu d'autre but que de faire triompher l'art nouveau qui s'était révélé à lui, et le créateur de cet art.

Il fit venir Hans Hammer à Nonnenbourg, l'enrichit, l'honora, l'adora. Le roi, ce n'était pas Frédérick, c'était Hans Hammer. Le peuple obéissait au prince, le prince obéissait à l'artiste ; le sceptre de Thuringe était un bâton de chef d'orchestre. Et Frédérick s'épanouissait dans une extase continue. Dans les paradis artificiels de son chimérique palais, il passait de longues journées, — pendant que ses ministres se consultaient, humiliés, — à épeler les partitions du maître, à entendre sortir, de la confusion noire et blanche des notes, les tout-puissants accords et les souveraines mélodies. Le théâtre de sa capitale fut l'une des plus illustres scènes de l'Allemagne ; tous les chanteurs, toutes les cantatrices en renom étaient engagés, venaient chanter les œuvres de Hans Hammer, et lui, Frédérick, au fond d'une loge, seul dans toute la salle, — car, fréquemment, personne n'était admis à ces représentations dont le roi se réservait jalousement la joie, — il absorbait par tous ses sens, nerveusement et délicieusement affinés, l'ivresse miraculeuse des sons où planaient ses rêveries avec des ailes d'anges !

Une seule chose, — après quelques années de règne, — le détourna de sa passion unique ; la musique, dans son âme, faillit avoir une rivale. Ce fut quand il alla dans une cour étrangère, — l'étiquette royale l'exigeait, — pour assister aux fêtes d'inauguration d'une exposition universelle. Il vit la reine de cette cour, et demeura ébloui. Blonde et si blanche, — et souveraine d'un immense empire, — elle lui apparut comme un être vague, insaisissable, différente de toutes les femmes. Si elle avait été l'une de celles qui, par la familiarité du rang, permettent l'approche, autorisent l'espoir, il l'aurait à peine vue, ou se serait détourné d'elle avec dédain ; mais, même pour lui, roi, elle était si loin, si haut, qu'elle lui semblait idéale; il pouvait la mêler à ses chimères, parce qu'elle leur ressemblait; et, à cause de l'impossibilité d'être aimé d'elle, il en devint amoureux. D'ailleurs, il ne conçut même pas le désir de demeurer près d'elle et, quand il ne la vit plus, de la revoir; tout proche, elle fût devenue, elle aussi, la réalité maussade ou vile. Ce qu'il aimait d'elle, c'était la pensée qu'il en avait gardée; et il chargea son chambellan, le prince Flédro-Schèmyl, d'obtenir le portrait de la reine; il lui suffirait de posséder la ressemblance de son rêve. Mais, ce portrait, le lui donnerait-elle? C'était cette vague image, — adorable mensonge plus cher que la vérité, — qu'il apercevait toujours, dans un lointain lumineux, quand les ailes de la musique l'emportaient parmi l'illusion des formes sans corps et des baisers sans lèvres.

Cependant, Lisi souffrait dans la solitude de Lilienbourg. Où s'en était allé celui qu'elle aimait tant? C'était à peine si elle avait entendu dire qu'il était monté sur le trône de Thuringe. Pourquoi pas de nouvelles? Pourquoi n'écrivait-il pas, s'il ne pouvait venir? Et elle pleura longtemps, longtemps, — jusqu'au jour où la reine Thècla lui dit :

— Je vous emmène à Nonnenbourg.
— Oh! pourquoi? s'écria Lisi.

— Pour être la femme de mon fils.

Hélas ! à Nonnenbourg, Frédérick fut bien cruel pour la pauvre Lisi ; et, parce qu'elle avait voulu lui mettre ses lèvres aux lèvres, la barque où elle s'était jetée à côté de lui sombra dans les terribles ondes du lac furieux comme une mer.

IV

Le prince Flédro-Schèmyl entra vivement dans une chambre de l'hôtel des Quatre-Saisons, où se trouvaient un vieux petit homme qui ouvrait des malles, à genoux, et une femme en costume de voyage, assise devant une glace, défaisant ses cheveux avec des gestes fatigués.

— Impossible de voir le roi ! dit le chambellan.

Et il raconta l'histoire extravagante du naufrage. Heureusement Karl, qui veillait toujours sur son maître, était accouru, jetant des cris d'alarme, et des pages, des écuyers avaient retiré des flots Frédérick et Lisi, mouillés, froids, grelottants. Le roi, maintenant, reposait les yeux éteints, la bouche muette. Aucun danger pour lui. Mais l'archiduchesse Lisi était en proie à une fièvre de plus en plus violente; elle frisonnait comme la feuille dans l'orage; elle avait le délire; le médecin de la reine Thècla, appelé sans retard, hochait la tête d'un air d'inquiétude.

— Millo Dious ! dit Brascassou, voilà qui gêne nos projets.

Le chambellan sourit. Il n'y avait pas à s'inquiéter de l'indisposition de Lisi ; peut-être même était-ce un heureux hasard, cette maladie, qui, pendant plusieurs jours, tiendrait la petite archiduchesse à l'écart. Le prince Flédro-Schèmyl ajouta qu'en sortant de la Résidence, il avait vu l'intendant des théâtres : Gloriane débuterait dans trois semaines.

— Alors, s'écria Brascassou, l'affaire est dans le sac.

Puis, se tournant vers la femme qui n'avait point bougé :

— Je présente mes devoirs à la divine Mona Kharis !

Gloriane Gloriani ne répondit pas. Elle souriait seulement ; elle pensait à ce pauvre petit roi, si timide et si pur, dont elle allait s'emparer, elle, si terrible ! Ce serait singulier. Un enfant ! Elle souriait toujours, en prenant à pleines mains ses lourds cheveux fauves d'où sortait une forte odeur de fourrure et de chair.

FIN DU LIVRE DEUXIÈME

LIVRE TROISIÈME

FRÉDÉRICK ET GLORIANE

I

Après le troisième acte, Gloriane Gloriani, ramassant sa robe et ses cheveux, sanglotante encore de l'extatique désespoir de Blancheflor, se jeta dans sa loge et cria :

— Brascassou ! je suis folle, et brisée. Cette musique me soûle et m'éreinte. Quand j'ai chanté je suis comme si j'avais été battue, — mais battue par quelqu'un que j'adorerais. Donne-moi un verre d'eau, j'ai de la braise dans la gorge. Et puis cette salle vide et sombre, c'est terrible. On dirait qu'on chante au bord d'un abîme, et, dans le fond de ce gouffre obscur, on ne voit rien, sinon une pâle et belle figure qui regarde fixement, avec des yeux où tout le ciel s'est réfugié. Il est beau, ce jeune roi ! Dis, Brascassou, est-il content ? le sais-tu ? Trouve-t-il que je suis une Blancheflor assez belle et assez violente? Où est le prince Flédro-Schèmyl? Pourquoi n'est-il pas venu déjà? Enfin, il devrait être là, il pense bien que je veux savoir tout de suite ce que pense le roi! J'ai peut-être été stupide, froide? Que sais-je? Voyons, remue-toi; que fais-tu là; planté comme un terme, et me regardant avec tes petits yeux qui clignent? Va chercher le prince Flédro, qu'il vienne à l'instant...

Brascassou dit, étonné, inquiet peut-être:

— Ah! çà! Frascuèla, qu'est-ce qui te prend? je ne t'ai jamais vue comme te voilà. Tu es extraordinaire, toujours; mais tu l'es ce soir d'une façon que je ne te connaissais pas. Dis donc, est-ce que tu serais amoureuse du roi pour de vrai?

Elle se renversa dans un fauteuil en jetant tous ses cheveux derrière le dossier.

— Je te dis que je suis folle! C'est la faute de cette musique aussi. Il semble que l'on chante du feu. Et puis, toujours, ces deux pâles yeux ouverts, très fixes et très doux! Ah! tiens Brascassou, s'il ne m'aime pas, s'il ne veut pas de moi, je me tuerai!

— Tu vas loin, dit Brascassou.

Pour calmer Gloriane, il s'avisa de s'asseoir à côté d'elle et de lui mettre un baiser sur la nuque.

Elle bondit en le repoussant d'un geste furieux.

— Ne me touche pas, va-t'en, tu es laid, tu es sale, tu me fais horreur :

— Ah bah ! dit-il.

— Oui, horreur ! J'ai envie de m'arracher avec les ongles le morceau de peau que tu as baisé !

— Peste ! Il faudrait t'écorcher tout entière, alors !

— C'est vrai ! je suis immonde partout ! Les salissures me coulent sur tout le corps comme de l'eau quand on sort du bain !

Brascassou, quoique vaguement troublé, éclata de rire.

— C'est que vraiment elle a l'air de penser ce qu'elle dit. Est-ce que tu vas jouer la « Courtisane amoureuse », maintenant ? te repentir, te sacrifier, devenir une honnête femme ?

A son tour, elle eut un grand rire.

— Je ne suis pas une sotte, peut-être ! mais je l'aime, entends-tu, je l'aime ! et je veux qu'il me veuille. Je n'ai pas changé, non ! Vois mes yeux, vois mes lèvres ; tu reconnais bien leurs flammes et leur pourpre, hein ? Seulement, j'ai pour lui seul, à présent, tout l'amour que j'avais pour tous. Ah ! voilà, c'est agaçant pour les autres, je ne dis pas, mais il faut en prendre son parti. Je choisis, pour la première fois! De quoi te plains-tu, d'ailleurs? Est-ce que cet amour-là ne servira pas tes projets?

— Au fait, c'est vrai, dit Brascassou.

En ce moment, le prince Flédro entra.

— Eh bien? cria Gloriane, avec une humidité rouge aux lèvres.

— Tout va mal, dit le chambellan. Vous avez épouvanté le roi. Vous êtes trop étrange, trop furieuse! Il a eu peur! Il s'est enfui.

— Millo dious! dit Brascassou, atterré.

Gloriane était devenue pâle. Elle laissait tomber ses cheveux, ses bras, les longs plis de sa robe blanche.

Tout à coup, elle prit le prince par le bras, le conduisit dans le fond de la loge, lui parla à voix basse.

— Oh! répondit-il, c'est difficile, et dangereux!

— Il le faut! dit-elle.

— Oui... peut-être... vous avez raison... J'essaierai. Venez.

Gloriane s'enveloppa d'un manteau de fourrure et sortit violemment avec le chambellan, tandis que Brascassou pensait, en se grattant le bout du nez :

— Je devine. Hardi, trop hardi! Pourvu que cette aventure ne finisse pas pour nous dans quelque prison d'État où j'en serais réduit à la société d'un rat ou d'une araignée! Ah! çà! mais c'est donc une petite fille, ce roi-là, millo dious!

II

C'était vrai, elle avait épouvanté Frédérick. Chantée par Gloriane, la musique de Hans Hammer avait une signification nouvelle, étrangement inquiétante ; elle demeurait idéale, mais devenait terrible ; il se produisait comme un revirement de lointain : avec la même profondeur, ce n'était plus l'abîme d'en haut, c'était le gouffre d'en bas, la chute prodigieuse au lieu de la surnaturelle élévation, le paradis renversé en enfer. Pourquoi ? Comment ? A cause de la chair splendide, des cheveux fauves et de cette voix profonde, grasse, rauque un peu, qui a l'air de râler, quoique douce. Ce qui troubla surtout le roi de Thuringe, ce fut la ressemblance de la Frascuèla avec la reine qui était pour lui l'objet d'un si chaste culte. De quel droit ce démon parodiait-il cet ange ? Dans quel dessein de tentation, une égale beauté, si différente et si pareille, avait-elle été donnée à deux êtres, l'un divin, l'autre démoniaque ? Est-ce que Satan est Dieu aussi ?

Frédérick s'échappa du théâtre; il suivit rapidement le long Corridor des Tapisseries, qui conduit à la Résidence. Jamais, non jamais, — pas même le jour où il vit s'accoupler hideusement sous les roseaux la grosse fille du village et son vil amoureux, — il n'avait connu un tel trouble de pensée. Il marchait, ou plutôt il courait, la tête basse, n'écoutant pas le bon Karl qui lui racontait tristement la maladie de Lisi, de jour en jour aggravée. Il dit enfin : « Laissez-moi ! je souffre ! je veux être seul ! » Et, avec un geste qui éloigna son écuyer et ses pages, il entra dans les appartements secrets, où, à force d'ingénieux artifices, étaient réalisées les merveilles de la féerie.

Mais il ne s'attarda pas dans le paysage lunaire; son âme, troublée comme un ciel où roulent des nuées d'orage, se fût mal accommodée de ce calme lumineux et pur; il longea, sans oser le regarder, le lac paisible maintenant, où la nacelle que tirait la chaîne d'or du cygne faisait un joli bruit de soie ou d'eau froissée; il se trouva enfin dans un lieu morne et sinistre, agréable à sa pensée.

C'était, sous un ciel très bas et très noir, un vaste chaos de roches l'une l'autre s'escaladant dans une immobile convulsion; et le brouillard rougeâtre qui baignait cet immuable et furieux amoncellement montait, comme des bouffées de bûcher, d'un obscur bâillement pierreux qui avait l'air d'une bouche d'enfer. On voyait, en effet, ce que racontent les poètes anciens des pentes par où l'on s'engouffre dans le Ténare ; en même temps que des flammes fuligineuses, il venait parfois des profondeurs une rumeur de plaintes et de râles arrachés peut-être par les éternels supplices.

Frédérick grimpa de bloc en bloc, s'assit sur la plus haute roche et considéra longtemps l'entrée de l'abîme.

Ce lieu lugubre lui plaisait, l'apaisait ; le bouleversement de ses idées se fondait en une désolation tranquille, semblable à celle de cette solitude ; et, dans la nuit froide, rarement traversée de sombres lueurs, s'éteignit enfin la vision de Gloriane, qui l'avait ébloui, incendié, comme un farouche soleil.

Il demeurait là, le front bas, sans pensée, n'ayant plus l'apparence de la vie, — comme si l'une des roches amassées au bord du gouffre eût été taillée en statue.

Mais, brusquement, il trembla, et jeta un cri sourd.

Pareille aux antiques Proserpines couronnées de clartés et vêtues de grands lambeaux de pourpre et d'or, qui venaient, montrant leurs flancs et leur gorge dans l'écartement des étoffes, tenter les ascètes des Thébaïdes, une femme, hors de la bouche d'enfer, apparut, et, dans un vomissement plus violent de fumée et de flammes, secoua, comme une magnifique furie, les serpents allumés de sa chevelure.

Le roi mit ses mains sur ses yeux, se détourna, voulut fuir.

Mais elle, l'apparition délicieuse et terrible, elle avait escaladé les rocs, et, retenant Frédérick, lui répandant sur les genoux, sur la poitrine, sur le visage, tout l'or fluide de ses cheveux, toute la neige brûlante de sa peau, elle l'étreignait, le possédait, le forçait à entendre ce qu'elle lui disait avec une bouche écarlate et qui exhalait du feu comme si elle avait mâché des braises.

Elle lui parlait, l'enveloppant de tout elle-même :

— Tu ne me reconnais pas? Je t'adore. La grande reine qui t'a charmé, c'est moi! et Blancheflor, ivre du breuvage d'amour, qui s'endort, extasiée, sous le manteau de Floris, et qui meurt, sanglotante, en mettant son âme aux lèvres du bien-aimé cadavre, c'est moi, c'est moi! Tu n'as donc rien compris, ce soir, rien deviné? Tu étais dans l'ombre, au fond de ta loge, mais je te voyais. Je sentais ta présence sur moi comme une délicieuse caresse; souvent j'avais envie de baiser mes bras, quand il me semblait que tu les avais regardés! Je suis terrible, n'est-ce pas? Jamais tu n'avais entendu une Blancheflor aussi ardemment éprise? C'est que tu étais là, c'est que je parlais à toi, à toi, entends-tu? et non à ce comédien stupide qui s'effarait dans mes embrassements et s'étonnait de mes baisers, ne sachant pas que, sur sa bouche, je dévorais la tienne. Toi non plus tu ne savais pas, et tu avais peur, on me l'a raconté; oui, ton chambellan, le prince Flédro-Schèmyl. Tu ne voulais pas me voir, tu disais : « Qu'elle s'en aille! » Enfant! Pourquoi? Moi, je n'ai pas voulu partir, et je suis venue, et me voici, t'adorant. Ah! écoute bien. La reine, oublie-la; Blancheflor, c'est peu de chose; celle qui est entrée ici, — je ne sais comment; on m'a conduite par des couloirs sombres et je t'ai trouvé tout à coup, — celle qui est entrée ici, c'est moi-même, c'est Gloriane, la Frascuèla, comme on disait. Tu ne peux pas imaginer combien je suis belle! Tu fermes les yeux, tu écartes tes mains, tu détournes tes lèvres; ah! le fou! comme tu as tort! Je te le dis; les statues où revivent les déesses sont moins superbes que ma nudité de neige ou de marbre; du satin tissé avec des filaments de lys, c'est ma peau,

et les plus ardentes des roses rouges fleurissent
aux pointes de mes seins. Et puis, il faut que
je te dise! Même laide, je serais belle et désespérément désirable, car je suis l'amour même,
l'amour farouche, qui convoite et conquiert!
D'autres femmes, à ce qu'on raconte — est-ce
que je sais si c'est vrai ? — se réservent, veulent
qu'on les désire longtemps, sans espérance, se
refusent enfin ; moi, je m'offre et je me donne,
et je tends à tout venant, comme une rose sauvage, mes rouges lèvres où fleurit le sang du
baiser. Ah! c'est certain, je suis une fille,
comme on dit, et les honnêtes femmes me mé-
prisent. Mais vois comme j'ai de belles épaules
et sens l'odeur de fleur chaude qui suinte de
ma peau. Et ce n'est pas vrai que je suis mépri-
sable! puisque je n'aime plus que toi, toi seul.
Je ne puis pas comprendre comment cela s'est
fait; mais depuis que je t'ai vu, il me semble
qu'il n'y a plus qu'un homme sur terre ; toi! Je
me donnais à tous, je me garde pour un seul,
et, de tout mon désir épars, j'ai fait une furieuse
tendresse, que je t'apporte. Prends-la! Oh!
mais je veux que tu la prennes! Tu ne vas pas
me chasser, au moins? Tu ne pourrais pas :
mon amour n'est pas une étreinte dont on se
délie. Tu m'appartiens! tu m'appartiens! Oui,
je sais, tu es timide; on m'a raconté — on dit

tant de choses — que les femmes t'épouvantent, que tu n'as jamais voulu te marier... Tiens, au fait, c'est possible : c'est peut-être parce que tu n'as voulu de personne que je veux que tu veuilles de moi! N'importe. Viens. Que tu es beau! Ne tremble pas, ne t'enfuis pas. Vois-tu, cela devait être un jour : nous devions nous rencontrer, toi si faible et si craintif, moi si formidable. Viens! viens! le hasard te donne à moi comme le vent jette un fétu de paille au bûcher.

Il se dérobait, ne l'écoutait pas, voulait appeler.

Mais elle, de ses mains, de sa bouche pleine de baisers, elle étouffait les cris du jeune roi, et elle le serrait toujours plus étroitement.

Enfin, rejetant dans un geste furieux les lambeaux d'or et de pourpre qui la couvraient à demi, elle se dressa toute nue, éclatante et miraculeuse.

— Vois! dit-elle, lâche enfant!

Et comme il s'était détourné, cachant son visage entre deux roches, elle se jeta sur lui.

Elle poussa un grand cri et tomba en arrière, un poignard dans le flanc, il y avait du sang qui coulait sur ses cuisses, et l'assassin fuyait, le front dans les mains, en poussant de longs gémissements.

III

Il sortait du décor infernal, il se trouva face à face avec Karl.

— Ah ! Sire, venez vite, l'archiduchesse Lisi se meurt !

Stupide, hagard — quoi ! c'était possible ? il avait frappé une femme ? — Frédérick n'entendit guère les paroles de Karl. Il se laissa conduire, sans savoir où. Il ne songea même pas à dire : « Elle est là, sanglante, mourante sans doute. Courez, relevez, emportez cette malheureuse ! » Non, il était une âme qui ne sait plus où elle en est ; il ne parvenait pas à rassembler ses pensées éparses dans une immense horreur. Les seules choses dont il se souvînt, c'était que Gloriane, infernalement belle, s'était dressée devant lui, toute nue ; qu'elle l'avait étreint, qu'il avait senti lui pénétrer dans tout le corps et lui monter au cerveau une abominable ivresse, et qu'alors, éperdu, frissonnant sous la chaleur grasse de la chair, — terrible à force de terreur, — il avait saisi un poignard et frappé ! Maintenant, il s'éloignait très vite, courant presque dans de longs corridors, n'osant pas retourner la tête, ayant peur de voir l'impudique créature, avec ses cheveux embrasés, lui offrir encore, tout sanglants, ses flancs luxurieux !

Il s'arrêta ; il avait entendu derrière lui un bruit de porte refermée ; et il se trouvait dans une chambre vaste, obscure, aux coins pleins de ténèbres. Qui l'avait guidé jusqu'ici ? Ah ! oui, il se souvint ; Karl lui avait dit : « Venez, Sire ! » Mais qu'est-ce que c'était que cette chambre ? Il ne la reconnut pas d'abord.

— Karl ! Karl ! cria-t-il.

Aucune réponse. Seul. Pourtant il lui sembla qu'un gémissement très faible, très lointain, s'éteignait dans le silence.

Il frémit.

Il fit quelques pas en arrière, regarda autour de lui, écarquillant les yeux ; et en même temps il tâtonnait l'ombre avec des mains inquiètes.

Il démêla dans l'obscurité de grands murs où pendaient des tapisseries ; il vit reluire deux lignes d'or qui se croisaient ; sans doute un crucifix accroché à la muraille.

Alors il devina qu'il se trouvait dans la chambre de la reine Thècla, chambre à coucher qui était un oratoire.

Mais il ne concevait pas dans quel but Karl l'avait conduit chez la reine.

Il cherchait la porte, lorsqu'il aperçut, au fond de la pièce, comme un point clair à travers des rideaux baissés, une très vague, très douce, presque insensible lueur. Cette clarté donnait l'idée, dans le noir, là-bas, d'une petite étoile blanche qui n'oserait pas briller. Et, pendant qu'il entrevoyait cette faible pâleur, le gémissement déjà entendu traversa de nouveau le silence et mourut comme le soupir d'une âme. Frédérick se rappela que Karl avait nommé Lisi.

Il marcha vivement, heurtant des meubles, vers la petite lumière, souleva de lourds rideaux.

Là, dans une alcôve où pendait une lampe, l'archiduchesse Lisi, — non plus grasse et rose et vivante et joyeuse, mais si maigre, si pâle, — était couchée, le front sur des oreillers plus blêmes que sa peau ; et, sous des draps aux plis durs, elle avait déjà, la pauvre malade, une rigidité de morte. A genoux devant le lit, la reine Thècla, dans sa robe brune, récitait des prières, pareille à quelque vieille et austère nonne.

— Ah ! fit Lisi.

Je ne sais quoi d'un peu rose, qui eut l'air

d'un sourire, glissa sur la bouche, sur la joue de l'enfant.

Elle avait vu Frédérick.

La reine Thècla demeurait impassible, priant toujours.

Mais Lisi, très lentement, très faiblement :

— Ah! tu es venu enfin, mon Fried bien-aimé! Je n'espérais plus te voir, et, tu comprends, c'eût été bien affreux de mourir sans avoir regardé une fois encore tes chers yeux qui m'étaient si doux autrefois. On me disait que tu m'avais tout à fait oubliée; mais te voilà, tu es bon! Je devine : tu ne croyais pas que j'étais si malade; tu pensais : « Bon! un bain, ce n'est pas grand'chose, elle n'en mourra pas! » C'est pour cela que tu ne t'inquiétais pas de moi. Eh bien! si, Frédérick, il paraît que je vais mourir. L'eau était très froide, j'ai pris une fluxion de poitrine, à ce que disent les médecins, et puis j'avais tant de chagrin, tant de chagrin, parce que tu avais été méchant, que le mal empira très vite; et, tu vois, maintenant c'est la prière des agonisants que ta mère récite auprès de mon lit. Je ne te dis pas cela pour te faire de la peine, pour que tu aies du remords, non! Tu es venu, je te pardonne; et puis, qui sait? — les petites filles sont niaises! — tu avais peut-être, pour agir comme tu l'as fait, d'excellentes raisons que je n'ai pas comprises. Oui, oui, c'est cela, il y avait des raisons, et je ne te les demande pas. Tout ce que je veux, c'est que tu me regardes — oh! je suis bien changée! — que tu me regardes longtemps avec des yeux sans méchanceté, que tu prennes mes deux mains dans les tiennes...

En parlant, ou plutôt en murmurant ainsi, car sa voix avait la douceur d'une plainte d'oiseau qui se meurt dans son nid, Lisi avait levé hors des draps ses petits bras si menus et si grêles qu'on les eût pris pour des ailerons sans plumes, et maintenant elle les tendait vers Frédérick avec un tremblement.

Mais lui, muet et morne, hébété, il ne s'approcha pas : ses yeux, pleins d'un étonnement qui s'épouvante, allaient comme inconsciemment de la pauvre archiduchesse expirante à la grave reine en prière.

Deux longues larmes coulèrent des yeux de la mourante; elle bégaya en laissant retomber ses bras dans un découragement suprême :

— C'est fini, c'est fini! tu ne m'aimes pas! Oh! comme tu es cruel! Si tu n'a pas d'amour pour moi, tu peux bien avoir un peu de pitié, enfin, puisque je vais mourir. Que t'en coûterait-il de me donner la main? Si tu savais comme c'est affreux de mourir quand on est toute jeune, quand on avait tant de belles espérances ! Eh bien, si tu me donnais la main, j'aurais moins peur d'aller dans la mort, parce que tu aurais l'air de m'y conduire, et il me semble que je serais bien partout où tu me mènerais. Non, tu restes là, sans bouger. Ah ! si j'en avais la force, comme je te mettrais mes bras autour du cou pour t'attirer vers moi. Mais que s'est-il donc passé, mon Dieu? Autrefois, à Lilienbourg, tu étais si doux, nous étions si heureux ! Rappelle-toi toutes les belles choses que tu avais lues dans les poètes et que tu me répétais. Tu étais un peu étrange, mais si charmant ! Souvent, tu t'en souviens, tu te moquais de moi parce que je caressais, dans la basse-cour, les plumes de mes pigeons et de mes poules, et tu m'emmenais fièrement, comme un chevalier qui emporte sa damoiselle, en m'appelant Oriane ou Clorinde. Tu m'aimais en ce temps-là! Quand je te disais : « Viens plus près », tu n'avais pas cet air farouche. Je demande si peu pourtant, si peu ! Ne prends pas mes mains, si tu ne le veux pas, mais approche ta tête, là, moins loin de la mienne, pour que, tout à l'heure, quand je mourrai, mon âme, en s'en allant, passe au moins dans l'haleine de tes lèvres !

Elle suppliait avec une si exquise tendresse, que les yeux de Frédérick, enfin, se mouillèrent de larmes, et peu à peu il se pencha vers elle, pendant qu'elle murmurait encore :

— Oh ! c'est bien. Je te remercie, mon Fried ! Plus près encore ! Tiens, pose ton front sur mon épaule ; elle est bien maigre, mais, à travers le drap, tu ne sentiras pas les os, et cela ne te fera pas de mal à la joue. Oh ! je suis heureuse ! Dis, te rappelles-tu ? nous voilà ainsi que nous étions bien souvent, à Liliensée, le soir, près du lac, dans la petite clairière dorée de la forêt de roseaux...

Comme si ces paroles l'eussent mordu, ou comme si on lui avait jeté un paquet de boue à la face, il bondit en arrière.

— Tais-toi ! tais-toi, malheureuse !

Elle, alors, sous cette cruauté suprême, frissonna violemment, se dressa à demi, ouvrit tout grands ses yeux qui avaient l'air de ne plus voir, ouvrit toute grande sa bouche d'où ne sortit qu'un râle, et, brusquement, comme une chose s'affaisse, tomba.

— *Lux perpetua luceat eis ! amen*, psalmodia la reine Thècla, qui achevait ses prières.

Elle s'approcha de Lisi.

— Morte, dit-elle.

Frédérick s'enfuit à travers l'ombre de la

chambre, à tâtons, dans un fracas de meubles renversés.

Cependant la vieille reine, penchée, baissait les paupières du chétif cadavre, et lentement elle ramena le drap sur la tête de cette pauvre Lisi, qui était si jolie et si contente autrefois à Liliensée, habillée en petite fermière, et qui chantait de si belles chansons parmi les roucoulements de ramiers et le caquet des poulettes.

LV

Frédérick se cacha, s'enferma, disparut. Il se tenait obstinément dans la chambre royale ; et personne, à l'exception de Karl, — ni la reine Thècla, ni les ministres, ni les médecins, — ne pénétrait auprès de lui.

Le bruit courut à la cour et se répandit par la ville que le roi, profondément attristé par la mort de Lisi, sa fiancée, était tombé dans une mélancolie morbide, farouche, qui s'achèverait probablement en démence.

Ce n'était là qu'un bruit vague ; on n'avait aucune certitude.

Karl, souvent interrogé, ne répondait pas. Savait-il quelque chose en effet? Chaque fois qu'il entrait dans l'appartement de son maître, il voyait Frédérick, la tête basse, les mains crispées derrière le dos, rôdant autour d'une grande table, — comme jadis, durant son enfance, à Lilienbourg. Pas une parole, les regards toujours fixés sur le tapis. Le roi ne s'était pas même informé de ce qu'était devenue la tentatrice qu'il avait blessée, qu'il avait tuée peut-être ; et il ne fit pas une seule question à propos des obsèques de Lisi, célébrées en grande pompe. A quoi donc songeait-il dans ce silence et cette solitude ? Karl, inquiet jusqu'au fond de l'âme, — car il aimait passionnément, lui, joyeux et fort, son pâle et triste seigneur, — se hasarda à l'épier, mettant l'œil au trou de la serrure, collant l'oreille au bois de la porte. Les premiers jours, il ne vit rien, sinon la lente promenade autour de la table ; n'entendit rien, sinon le bruit des pas, éteint par le tapis. Mais, un soir, — le bruit des pas ayant cessé, — Karl aperçut Frédérick étendu sur le lit, et tout convulsé de violents sursauts. Un accès de fièvre, sans doute. L'écuyer entra vivement et s'approcha de l'alcôve. Le roi avait les yeux fermés ; il dormait d'un sommeil plein de cauchemars, sa face se crispait affreusement, il se mordait les lèvres, une sueur lui coulait des tempes. En même temps, des paroles étranges, que des râles courts entrecoupaient, lui sortaient de la gorge, par brusques jaillissements, comme une liqueur s'échappe d'un goulot obstrué.

— Non, jamais, jamais, je ne veux pas ! Les femmes sont le péché et la honte. Celles qui ordonnent comme celles qui supplient. Infâmes, hideuses, toutes! Ah! la chair sur la chair, c'est le fumier sur le fumier. Le sexe est la plaie purulente des êtres. Même vivants, les corps sont pleins de grouillements de vers. Le baiser n'est que la fleur de la pourriture! Qu'elles meurent toutes, celles qui veulent qu'on aime! Moi aussi, mourir... sortir de la vie, secouer toute cette boue... Mais dans l'agonie même l'ignominie humaine persiste. L'homme crève comme un animal. Oh! s'éteindre comme un Dieu, dans la joie de sentir sa vile chair martyrisée, dans l'orgueil de châtier son corps coupable, puis renaître, libre des sales entraves, parmi les puretés impalpables du rêve, — flamme, lumière, esprit!

Karl éveilla son maître; mais celui-ci, d'un geste furieux, le chassa.

Cependant à la cour, dans la ville, les inquiétudes redoublaient. Vainement la reine Thècla voulut entrer chez son fils; Frédérick dit à Karl: « Réponds à ma mère que, si l'on me poursuit jusqu'ici on m'y trouvera mort. » Il fallut le laisser seul. Plusieurs jours se passèrent. Comment ceci finirait-il? La nouvelle brusque d'un suicide aurait surpris peu de personnes. On racontait des histoires, qui peut-être n'étaient pas vraies : des valets affirmaient avoir entendu, en passant près de l'appartement royal, des supplications et des sanglots; le roi s'écriait: « Oh! je le veux, et je t'en prie! » et Karl répondait, d'une voix étranglée : « Je ne pourrai jamais, Sire! Ne m'ordonnez pas cela! » Ce jour-là, ajoutait-on, l'écuyer était sorti de la chambre de son maître, un mouchoir sur les lèvres, les yeux rouges de larmes. On disait aussi que pendant deux journées entières le roi et Karl avaient été absents de la Résidence. Où étaient-ils allés? personne ne le savait précisément; quelques-uns, d'après les récits d'un paysan qui avait vu passer, la nuit, sur la route, deux hommes à cheval, croyaient que Frédérick s'était dirigé vers les montagnes de la haute Thuringe, du côté d'Oberammergau.

Parmi ces incertitudes, un soir, le tocsin sonna sur la ville; les fenêtres s'ouvrirent; de maison en maison, de rue en rue, la nouvelle courut que le palais était en flammes, et l'on vit tout à coup monter dans l'air une énorme bouffée de fumée noire, sombre haleine que vomissait la gueule de l'incendie.

V

Ce soir-là, dans le lit d'une chambre d'hôtel, Gloriane Gloriani dormait, tout ses cheveux défaits bouillonnant en flots d'or pourpre sur la blancheur de ses épaules et de ses forts bras nus.

Elle avait le visage très pâle, n'étant pas encore remise de sa blessure.

Au cri de Gloriane, frappée par le roi, le prince Flédro était accouru : c'était lui qui avait introduit la séductrice dans le décor infernal, jugeant sans doute qu'un coup d'audace pourrait faire tomber Frédérick dans le piège préparé, et il se tenait aux aguets avec deux écuyers qu'il avait mis dans ses intérêts. Ils emportèrent la Frascuèla évanouie, et, à la faveur de l'ombre, réussirent à quitter la Résidence, à gagner l'hôtel des Quatre-Saisons, non sans éveiller d'étranges soupçons, mais sans produire du moins aucun scandale irrémédiable; ils soutenaient Gloriane qui, quoique mourante et sans mouvement, avait l'air de marcher. Puis, l'émotion causée par la mort de Lisi et par la maladie du roi fit oublier aux serviteurs et au castellan du palais la femme inconnue qui était entrée un soir, venant l'on ne savait d'où, qui était ressortie presque aussitôt.

Pendant bien des jours, Gloriane eut le délire ; le médecin qu'avait amené le prince Flédro-Schèmyl désespérait de sauver la blessée. Pourtant la fièvre, peu à peu, se ralentit; la Frascuèla tomba dans un état de prostration qui fut le commencement de la convalescence : et, ce soir, elle dormait paisiblement.

Brascassou était assis près du lit, à côté d'une table où de petites fioles entouraient une veilleuse sur la flamme de laquelle chauffait une théière.

Le petit homme surveillait, avec la tendresse inquiète d'une mère, le repos de Gloriane ; ou plutôt il la regardait comme un avare considère son trésor retrouvé. Cette belle fille, en effet, n'était-ce pas son espoir, son avenir, son unique richesse? Elle vivante, tous les rêves de bien-être étaient possibles à Brascassou ; elle morte, il n'aurait eu rien de mieux à faire que de s'en retourner cirer des bottes sur la place Lafayette à Toulouse. Millo dious ! elle n'allait pas s'aviser de mourir, au moins ! Mais non, sa respiration était régulière, et la vie, comme une rose un peu pâle, commençait à refleurir sur ses joues. Allons! tout allait bien; avant peu de jours, ils quitteraient Nonnenbourg, s'esquiveraient de toutes ces royales intrigues, reviendraient en France, où l'on trouve, à défaut de rois, — oh! il ne fallait plus lui en parler, des rois! — des hommes qui savent se conduire, n'accueillent pas à coups de poignard les belles personnes qui viennent leur rendre visite. « J'ai eu trop d'ambition, se disait Brascassou; le chambellan m'avait fait perdre la tête. » Mais, maintenant, il saurait se borner? il faut se contenter de peu; une honnête médiocrité, pourvu qu'elle soit passablement dorée, cela suffit...

Brascassou tourna la tête, à cause d'un grand bruit qui se faisait dans la rue. Il alla vers la fenêtre, souleva les rideaux, colla son front à la vitre. Beaucoup de gens passaient, en tumulte, levant les bras, poussant des cris. Il prêta l'oreille : cent voix se perdaient dans une confusion de bavardages. Il parvint pourtant, après avoir entr'ouvert la fenêtre, à saisir quelques paroles. « Le feu était au palais, précisément dans cette partie de la Résidence où se   vaient les appartements féeriques de Frédérick. Comment s'était allumé l'incendie? Par un hasard ou par la volonté du roi? On n'en savait rien. Mais si Frédérick, ce soir-là, était chez lui, il courait risque de périr... »

Brascassou, rancunier, s'écria en frappant des mains :

— Ma foi ! s'il rôtit, ce sera très bien fait !

Alors, tout près de lui, il y eut un gémissement aigu et terrible comme le cri de quelqu'un qu'on assassine.

Gloriane était là.

Les bruits l'avaient éveillée ; elle aussi, elle était venue vers la fenêtre, avait vu, entendu, compris.

— Eh bien ! oui, dit Brascassou, il brûle ; quel mal ça te fait-il, à toi ? ça devrait t'être agréable, au contraire.

— Misérable ! répondit Gloriane.

Et, se jetant vers une armoire, elle en tira une robe, un manteau, avec les mouvements violents d'un chat-tigre qui agripperait et secouerait des étoffes.

— Hein ! que veux-tu faire ?
— Laisse-moi !
— Où veux-tu aller ?
— Que t'importe !
— Tu resteras ici !

Il lui arracha les vêtements, qui se déchirèrent, courut à la porte pour barrer le passage.

Mais elle, grinçant des dents, des pleurs de

rage aux yeux, une sueur rouge aux pommettes, effrayante :

— Tu vas me laisser passer!
— Non!
— Ah! prends garde!
— Recouche-toi ou je te roue de coups!

Elle éclata de rire, comme une folle, se précipita sur le petit homme, l'empoigna par la gorge et le serra si fort qu'il blêmit, tira la langue, râla, défaillit, tomba, mort peut-être.

Elle le repoussa d'un coup de pied robuste comme une ruade de cavale, reprit la robe, le manteau, s'en enveloppa, ouvrit la porte, s'enfuit.

Quand elle fut dans la rue, elle courut parmi la foule, la devança, tous ses cheveux volant derrière elle. On regardait cette femme ; on se demandait si ce n'était pas une aliénée échappée de quelque hospice. Elle courait toujours, bousculant, traversant les groupes; parfois elle s'arrêtait, essoufflée, et, alors, elle poussait un long cri déchirant, à la fois plaintif et dur, bestial, pareil à celui d'un chien qui a peur et qui aboie, la nuit.

Enfin elle arriva, dans un flot de populaire, sur la place du palais emcombrée d'une multitude compacte.

Ce que vit Gloriane était terrible et beau.

Toute une aile de la Résidence, comme une grange incendiée qu'attise la rafale flambait sous le ciel clair où la fumée se peletonnait en gros nuages blancs; et, la façade s'étant écroulée dans un immense fracas de pierres et de braises, que suivit un ruissellement d'eau, ce n'étaient plus des bâtisses qui brûlaient, mais les hautes herbes d'une plaine, et les roseaux d'une rive, et, avec ses troncs de rubis et ses feuilles d'émeraudes, toute une forêt où voletaient encore de merveilleux oiseaux. Dans les fantasmagories de la flamme, le paysage, en se consumant, prenait des aspects inconnus, avec des lointains de chimère et de féerie, apparaissait prodigieux : le feu était la rampe de ce décor. L'esprit troublé par la singularité du spectacle et par le souvenir des discours que l'on tenait sur l'habitation du roi, le peuple croyait assister à l'anéantissement lumineux d'un paradis, à l'incendie d'un rêve. Et voici que de l'énorme flamboiement où s'écroulaient des chênes écarlates, où se tordaient des cascatelles de perles, un cygne, les ailes grandes ouvertes, émergea, et comme une âme qui s'envole, traversa les fumées, s'éleva, diminua, disparut dans les clartés azurées du ciel !

Un instant immobilisée par la stupéfaction

la peur, Gloriane se jeta en avant, furieuse, insensée, criant : « Frédérick! »

Elle dut s'arrêter; une ligne de soldats, le sabre nu, défendait l'approche de la Résidence.

C'était affreux! Quoi ! Frédérick était là, dans ces flammes, et elle ne pouvait pas s'élancer, l'en arracher, ou y mourir avec lui, en l'embrassant, oh! en l'embrassant. Elle se tordait les bras, se mordait les cheveux, éclatait en rauques sanglots.

A ce moment, du porche qui s'ouvrait à droite dans la partie de l'édifice que l'incendie n'avait pas atteinte, sortit à la hâte une troupe d'hommes et des femmes. La Frascuèla eut une rapide espérance! Le roi se trouvait peut-être parmi ces gens qui s'échappaient, qui étaient sauvés.

La foule s'écarta respectueusement pour livrer passage aux nouveaux venus; c'étaient donc de grands personnages. Ah! certainement, le roi était là, hors de danger. Elle se précipita vers le groupe, ne reconnut personne, aperçut enfin le prince Flédro-Schèmyl; elle le prit par le bras et l'entraîna violemment.

— Le roi est avec vous ?
— Gloriane ! Que faites-vous ici ?
— Ah! répondez. Le roi est-il avec vous ?
— Non.

— Perdu! Perdu! et vous fuyez! sans essayer...!

Gloriane sanglotait encore, mais de joie, maintenant.

— Où est-il?

— On ne sait pas. Après avoir mis le feu à la Résidence...

— C'est lui qui a mis le feu?

— On le suppose. Avec l'aide de Karl.

Pourquoi?

— Parce qu'il est fou! dit le prince en haussant les épaules; et, à ce qu'on raconte, cet incendie n'est que la moindre de ses extravagances.

— Qu'a-t-il donc fait?

— Il y a trois jours, Karl l'a trouvé tout sanglant sur le tapis de la chambre, évanoui, tenant un rasoir dans la main droite.

— Il avait voulu se tuer?

— Pis encore. Se mutiler. Et il y avait réussi.

— Non, non, ce n'est pas vrai, ce n'est pas possible! Mais enfin, il faut le chercher, le retrouver. Qui sait ce qu'il a imaginé encore! On est bien sûr qu'il a quitté le palais?

— Le castellan l'a vu sortir à cheval.

— Seul?

— Avec Karl.

— Oh! où peut-il être! Où peut-il être? dit Gloriane, les poings aux dents.

Le prince paraissait réfléchir profondément. Enfin, il reprit, plus bas :

— Je crois qu'il est parti pour Oberammergau.

— Pour Oberammergau?

— Oui. Il y est déjà allé, furtivement, la semaine dernière. Il peut y être retourné.

— Si vous supposez cela, pourquoi ne l'avez-vous pas dit à la reine, aux princes?

— Parce que je ne veux plus me mêler de ces choses, où je me suis déjà trop compromis! parce que je suis bien résolu à laisser cette famille d'insensés se tirer d'affaire à sa fantaisie! Eh! parbleu! le roi de Thuringe n'est pas le seul souverain dont je suis le chambellan. Savez-vous où je vais en ce moment? A l'hôtel, pour faire ma malle, et dans quelques heures par le train express, je quitte Nonnenbourg. Adieu. Quant à ce que je viens de dire, — par une dernière étourderie, — usez-en comme il vous plaira; je m'en lave les mains.

— Lâche! dit Gloriane.

— Oui, dit le prince Flédro-Schèmil.

Et il s'en alla en haussant les épaules.

Alors Gloriane songea pendant quelques instants. Puis sans même jeter un dernier regard sur l'incendie qui redoublait de fureur, elle s'éloigna à son tour, fendant rudement la foule.

Dans la Johann-Joseph-Strasse, un fiacre passait. Elle fit un signe au cocher qui arrêta ses chevaux.

— Je vais à Oberammergau, dit-elle.

Le cocher la regarda, stupéfait.

Comme elle prononçait assez mal l'allemand, elle craignit qu'il ne l'eût pas comprise; elle dit plus lentement :

— Conduisez-moi à Oberammergau.

— Mais c'est impossible !

— Pourquoi ?

— Parce qu'il y a seize heures de voyage, sur un chemin de montagne! Je tuerais mes chevaux.

— Je vous paierai seize florins l'heure.

— Oh ! dit le cocher ébloui.

Il ajouta :

— Vous savez que vous serez obligée de faire à pied le dernier tiers du chemin ?

— A pied ?

— Oui. Les voitures ne peuvent pas descendre la côte.

— N'importe.

— Et vous avez dit « seize florins » l'heure ?

— Vingt, si vous marchez vite.

— Montez.

Elle se jeta dans la voiture et le cocher fouetta ses bêtes, qui partirent au grand trot. Les rues étaient désertes, mornes ; on entendait au loin l'immense brouhaha de la multitude et de grands craquements. Tout à coup, une énorme explosion de flammes jaillit vers le ciel, parmi un redoublement de fracas, et les toits des maisons basses et les façades, un instant, furent toutes rouges.

VI

Le lendemain, un peu avant le coucher du soleil, des paysans et des pâtres étaient réunis en foule dans la vallée d'Oberammergau ; assis sur des bancs de bois, agenouillés dans l'herbe, ils considéraient un vaste théâtre où revivait la Jérusalem antique ; et, au delà, se dressait sous le ciel la colline du Golgotha.

Le spectacle n'avait pas encore commencé ; l'assemblée chuchotait dans des remuements confus. Beaucoup de gens ne comprenaient pas pourquoi le Mystère de la Passion était célébré plusieurs années avant l'époque ordinaire, ni pourquoi, des quatre parties qui composent le drame sacré, une seule, la dernière, serait représentée aujourd'hui. Mais d'autres personnes expliquaient à voix basse que ce renversement des coutumes résultait d'une volonté toute-puissante, d'un caprice royal ; que des émissaires étaient venus récemment de Nonnenbourg pour s'entendre avec les organisateurs habituels de la fête religieuse, et que ceux-ci avaient dû se conformer aux instructions reçues; les mêmes personnes ajoutaient que, ce jour-là, le personnage du Christ et celui du soldat romain qui perce d'une lance le flanc du Crucifié, seraient remplis par deux acteurs nouveaux, inconnus : ces paroles répandaient parmi la foule un étonnement mêlé d'impatience, qui ressemblait à de l'anxiété.

Cependant, sur la place publique de Sion, des juifs, des soldats romains, levant l'Aigle, et des femmes, et des docteurs de la loi reconnaissables à leur bonnet carré, se ruèrent en tumulte; poussant un pâle jeune homme tout vêtu de lin blanc ; le spectacle commençait ; et voici ce que les spectateurs virent et entendirent :

Les soldats du gouverneur emmenaient Jésus, et toute la cohorte s'assembla autour de lui.

Et, l'ayant dépouillé, ils le couvrirent d'un manteau d'écarlate.

Mais, ayant tressé une couronne d'épines, ils la lui mirent sur la tête, avec un roseau dans la main droite ; et, fléchissant le genou devant lui, ils le raillaient, disant : « Salut, roi des Juifs. »

Et, crachant sur lui, ils prenaient le roseau et lui en frappaient la tête.

Après s'être ainsi moqués de lui, ils lui ôtèrent le manteau, lui remirent ses vêtements et l'emmenèrent pour le crucifier.

Or, il était suivi par une grande foule de peuples et de femmes qui se frappaient la poitrine et se lamentaient.

Mais Jésus, se retournant vers elles, leur dit :

« Filles de Jérusalem, ne pleurez pas sur moi, mais pleurez sur vous-mêmes et sur vos enfants.

« Car il viendra des jours où il sera dit : Heureuses les stériles, et les entrailles qui n'ont point enfanté, et les mamelles qui n'ont point allaité. »

On conduisait avec lui deux malfaiteurs pour les faire mourir.

Et quand ils furent arrivés au lieu appelé Calvaire, ils le crucifièrent, et les malfaiteurs aussi, l'un à sa droite, l'autre à sa gauche.

Et il y avait au-dessus de sa tête, en grec, en latin et en hébreu, cette inscription : « Celui-ci est le roi des Juifs. »

Les pâtres et les paysans de la haute Thuringe, palpitants, éperdus, dévoraient du regard le théâtre, la colline et le pâle supplicié ! Plus d'un se tourna vers son voisin, en disant : « Oh ! quel est donc ce jeune homme qui représente le roi Jésus ? » Mais la légende continuait de dérouler ses religieux mystères, et voici ce qu'ils virent et entendirent encore :

Sachant que tout était accompli, Jésus dit : « J'ai soif ! »

Et il y avait là un vase plein de vinaigre. Ils emplirent de vinaigre une éponge, et, l'entourant d'hysope, ils la présentèrent à sa bouche.

Et Jésus, ayant pris le vinaigre, dit : « Tout est accompli. » Et baissant la tête, il rendit l'esprit.

Or, de peur que les corps ne demeurassent en croix durant le Sabbat, car on était au jour de la Préparation, et ce jour de Sabbat était grand, les Juifs prièrent Pilate qu'on leur rompît les jambes et qu'on les enlevât de là.

Les soldats vinrent donc et rompirent les jambes au premier et à l'autre qui avait été crucifié avec lui.

Puis, étant venus à Jésus, et voyant qu'il était déjà mort, ils ne lui rompirent point les jambes.

Mais un des soldats lui perça le côté avec une lance et aussitôt il en coula du sang...

Alors, tous les spectateurs du drame auguste se dressèrent dans l'épouvante ! car, de la bouche du martyr, il était sorti un râle déchirant, un effroyable cri d'agonie ! et, en même temps, la tête de Jésus, un instant redressée, retomba lourdement. Oh! cette clameur et ce geste étaient tels que l'art d'aucun acteur n'aurait pu les imiter! Quoi! tout ceci n'était donc pas un jeu? le soldat romain avait vraiment enfoncé la lance dans le flanc du crucifié! Un homme venait de mourir véritablement? De tous côtés, sur le théâtre, sur la colline et dans la plaine, s'était fait un sinistre silence, et tous les yeux agrandis par l'effroi considéraient le jeune homme expiré qui se détachait si pâle sur la gloire flamboyante du couchant... quand une femme qui venait du village, traversa, échevelée, la foule, escalada la scène, grimpa la colline! Et on l'entendit crier : « Frédérick! » et encore : « Ah! il est mort! » Et elle tomba à genoux, et toute pantelante, elle embrassait le gibet sous ses énormes cheveux roux où s'égouttait le sang du cadavre.

C'est ainsi que mourut sur la croix, ayant Gloriane Gloriani pour Marie-Magdeleine, Frédérick II, roi de Thuringe, qu'on nomme aussi le Roi Vierge.

FIN

TABLE

PAGES.

LIVRE PREMIER

Gloriane............................... 1

LIVRE DEUXIÈME

Frédérick............................. 145

LIVRE TROISIÈME

Frédérick et Gloriane 285

TOURS

IMPRIMERIE DESLIS FRÈRES

6, rue Gambetta, 6

www.ingramcontent.com/pod-product-compliance
Lightning Source LLC
Chambersburg PA
CBHW060505170426
43199CB00011B/1328